数字图书馆建设与管理实践

何晶晶　　王纯明◎著

中国民族文化出版社

北　京

图书在版编目（CIP）数据

数字图书馆建设与管理实践/何晶晶，王纯明著.
-- 北京：中国民族文化出版社有限公司，2024.6
ISBN 978-7-5122-1904-5

Ⅰ.①数… Ⅱ.①何… ②王… Ⅲ.①数字图书馆 –
图书馆研究 – 研究 Ⅳ.① G250.76

中国国家版本馆 CIP 数据核字（2024）第 100723 号

数字图书馆建设与管理实践
SHUZI TUSHUGUAN JIANSHE YU GUANLI SHIJIAN

作　　者　何晶晶　王纯明

策划编辑　祁　明

责任编辑　赵卫平

责任校对　杨　仙

出 版 者　中国民族文化出版社　地址：北京市东城区和平里北街 14 号
　　　　　　邮编：100013　联系电话：010-84250639　64211754（传真）

印　　装　武汉鑫佳捷印务有限公司

开　　本　710 mm × 1000 mm　1/16

印　　张　12.5

字　　数　186 千字

版　　次　2025 年 1 月第 1 版

印　　次　2025 年 1 月第 1 次印刷

标准书号　ISBN 978-7-5122-1904-5

定　　价　88.00 元

前　言

在信息时代，"数字图书馆的建设与管理"已成为图书馆学科领域的重要议题。数字化的潮流正在深刻地改变人们获取、传播和利用信息的方式。图书馆作为信息资源的主要保管和传播机构，迎来了新的历史机遇与挑战。本书旨在系统地探讨数字图书馆的建设与管理实践，为图书馆从业者更好地适应数字时代的要求，提高服务水平，满足读者需求提供一定的参考。同时，也希望本书能成为数字图书馆领域研究者以及相关专业学生的一本全面系统的参考书，帮助他们更好地理解数字图书馆的建设与管理实践，汲取实用的知识，拓宽视野，更好地应对日益复杂的信息环境。

第一章　数字图书馆概述

第一节　数字图书馆的定义与发展历程

随着信息技术的飞速发展，人类进入了一个真正的信息时代。在这个时代，几乎所有的信息都可以被数字化，并通过网络迅速传播。这种变革深深地影响了人类的生活方式，包括阅读和学习方式。传统的图书馆，尽管仍然有其独特的魅力和价值，但已经无法满足读者日益增长的信息需求。于是，数字图书馆顺势而生。

一、数字图书馆的定义

数字图书馆，顾名思义，是一个以数字技术处理和存储各种图文并茂文献的虚拟图书馆。它是一个没有围墙、超越时空限制的知识中心，通过互联网环境下的共建共享，形成了可扩展的知识网络系统。与传统图书馆相比，数字图书馆的优越性显而易见。

首先，它不再受限于时间和物理空间，可以在任何时间、任何地点为读者提供服务。这意味着读者可以在家中、办公室或其他任何地方，随时访问数字图书馆的资源，从而更加便捷地获取所需知识。

其次，数字图书馆的资源更加丰富多样。除了传统的图书、期刊，它还包括音频、视频、数据库等多种形式的资源。这些资源可以以超大规模的形式分布存储，便于读者进行跨库无缝链接与智能检索。这意味着读者

可以根据自己的需求，更加灵活地获取不同类型的信息资源，从而更好地满足他们的学习、研究和其他需求。

此外，数字图书馆还具有一些其他的特点。例如，它可以实现自动化管理，提高服务效率；可以提供个性化的推荐服务，满足读者的个性化需求；可以通过数据挖掘和分析，更好地了解读者的需求和行为，从而提供更加精准的服务。数字图书馆是一个基于网络环境共建共享的可扩展的知识网络系统，是一个超大规模的、分布式的、便于使用的、没有时空限制的、可以实现跨库无缝链接与智能检索的知识中心。它具有传统图书馆无法比拟的优势，可以更好地满足读者的需求，提供更加优质的服务。随着技术的不断发展和应用，数字图书馆将会在未来发挥更加重要的作用。

二、数字图书馆的发展历程

（一）第一阶段：数字化资源初步建设

这个阶段是图书馆数字化处理的初级阶段，也是数字图书馆管理系统发展的萌芽阶段。

在这个阶段，图书馆开始尝试将部分资源数字化。虽然这些数字化的资源通常只是做了简单的图像扫描，并没有经过深度的结构化处理，但它们仍然具有很高的价值，因为它们是首批被存储在电子设备中，可以用计算机检索和阅读的数字化资源。这标志着图书馆进入一个新的时代。将图书、期刊等资源转化为电子版本，让读者得以体验全新的阅读方式。

与此同时，第一批数字图书馆管理系统也出现了。这些系统主要是基于计算机系统的基本功能实现对数字化资源的基本管理和查询。可以帮助图书馆员对数字化资源进行分类、编目和借阅管理等操作，也为读者提供更加方便的查询和借阅方式。

之后，随着数字化技术的发展，图书馆的数字化处理技术也在进步。

越来越多的图书馆开始将更多的资源转化为电子版本，并对数字化资源进行深度的结构化处理。这种处理方式不仅可以提高数字化资源的利用率，也可以为读者提供更加精准的查询方式。

同时，数字图书馆管理系统也得以升级和完善。这些系统具备了更多的功能，能为图书馆员和读者提供更加智能化的管理和查询方式。通过这些系统，图书馆可以更好地管理数字化资源，提供更加优质的阅读服务。

在数字化资源的初步建设阶段，尽管相关的技术和系统都比较简单、初级，但是它们为后来的数字化图书馆的发展奠定了坚实的基础。

（二）第二阶段：数字图书馆技术飞速发展

随着科技的飞速发展，尤其是大数据、云计算和人工智能等技术的突破与应用，数字图书馆已经进入了一个全新的发展阶段。在这个新的阶段中，数字资源的处理变得更加精细化。例如，通过光学字符识别（optical character recognition，本书简称 OCR）技术将图像转化为可搜索的文本，这使得图书馆的资源更加容易被检索和利用。同时，图书馆管理系统也变得更加智能，能够为读者提供更加精准的资源推荐和个性化的服务，优化了读者的使用体验。

首先，大数据技术的应用使得数字图书馆能够更好地处理海量的数据。通过高效的数据分析和处理，数字图书馆可以快速地获取到有用的信息，进而为读者提供更加精准的服务。例如，图书馆可以利用大数据技术分析读者的行为和阅读习惯，从而为读者推荐他们可能感兴趣的图书、杂志等资源。

其次，云计算技术的应用也为数字图书馆的发展提供了强有力的支持。通过云计算技术，图书馆可以将大量的数据存储在云端，从而释放出更多的存储空间，同时也提高了数据的安全性和可靠性。此外，云计算技术还可以实现跨地域的数据共享和访问，使读者可以在任何时间、任何地点访

问图书馆的资源。

最后，人工智能技术的应用为数字图书馆的发展注入了新的活力。通过人工智能技术，图书馆可以自动化地完成一些烦琐的任务，例如原本耗时耗力的图书的分类、借阅等实现了自助、自动操作，从而提高了工作效率和准确性。同时，人工智能技术还可以对读者的反馈和意见进行智能分析，从而为图书馆的管理和服务提供有益的参考。

在数字图书馆的新发展阶段中，产生了一些需要注意的新问题。例如，如何保护好读者的隐私和数据安全，如何保护好数字资源的版权和知识产权，等等。因此，在数字图书馆的发展过程中，需要加强法律法规的建设和完善，从而为数字图书馆的健康、可持续发展提供有力的保障。

在数字图书馆技术飞速发展阶段，图书馆资源的检索和利用更加丰富，也更加便捷，图书馆管理系统也的功能也进一步提升，读者满意度进一步提高。

（三）第三阶段：数字图书馆服务有所创新与拓展

随着科技的飞速发展和信息爆炸时代的来临，数字图书馆已经成为人们获取知识的重要途径。在这个阶段，数字图书馆开始更加注重读者服务，以满足他们在信息获取和阅读体验上越来越多、越来越高的要求。

除了提供基本的文献查询和借阅服务，数字图书馆又推出新的服务形式。例如，提供学术研究支持服务，包括数据分析、文献计量等，为研究人员提供了更加全面、深入的学术研究支持；提供社交阅读、读者交流等新的阅读体验，让读者在阅读过程中能随时分享、讨论和交流；加强对于资源的整合和优化，开始更多更优质的数字化资源，如电子书、期刊论文、数据库等；提供更加友好、便捷的读者界面和搜索功能，优化读者体验；根据读者的兴趣和阅读历史推荐相关的文献和资源；等等。

三、影响数字图书馆发展的因素

信息技术的发展为数字图书馆提供了技术基础，使得图书馆的运营模式和服务形式发生了深刻的变革。在信息技术中，大数据技术和人工智能技术是数字图书馆的重要支柱，为图书馆的资源存储、数据处理以及智能化服务提供了强有力的支持。

首先，大数据技术的应用为数字图书馆的资源存储和处理提供了有效的解决方案。在传统的图书馆中，由于纸质书籍的存储空间有限，图书馆往往需要严格控制实体书刊等资料的借阅和归还时间，给读者带来诸多不便。然而，在数字图书馆中，海量的资源可以存储在小小的硬盘之中，不仅节省了大量的物理空间，还突破了时空的限制，使得读者可以随时随地查阅到自己所需的资料。同时，大数据技术还能分析读者的阅读习惯、借阅行为，为图书馆的资源采购和服务提供参考。

其次，人工智能技术的应用使得数字图书馆的服务更加智能化和个性化。通过人工智能技术，数字图书馆可以对读者的阅读行为进行智能分析，根据读者的兴趣爱好、阅读习惯等为其推荐合适的资料，提供个性化的阅读服务。此外，人工智能技术还可以实现自动化管理，提高图书馆的管理效率和服务质量。例如，通过人工智能技术，图书馆可以实现自动借还书、自动盘点库存等功能，大大节省了人力成本，提高了服务效率。

此外，其他的新技术也让数字图书馆进一步向智能化发展。

例如，移动设备的普及推动了移动阅读的发展。随着智能手机的普及和移动互联网的快速发展，读者可以随时随地通过手机等移动设备访问数字图书馆的资源，享受图书馆提供的便捷服务。

又如，利用虚拟现实技术为读者提供沉浸式的阅读体验，让读者仿佛置身于书中的场景之中。还有一些数字图书馆利用大数据技术对读者的阅读行为进行分析，为其提供更加精准的个性化推荐服务。这些现代化的技

术手段不仅提高了数字图书馆的服务质量，也进一步推动了数字图书馆的发展和创新。

信息技术的发展为数字图书馆提供了强有力的支持，使得图书馆的服务形式更加多元化和个性化。在未来的发展中，随着技术的不断进步和创新，数字图书馆也将继续发挥其重要作用，为读者提供更加优质、便捷的服务。

针对不同年龄段、职业和文化背景的读者，提供定制化的阅读推荐和专题服务。

通过与学校、社区、媒体等机构的合作，把优秀的文化资源传播到更广泛的人群中，为文化的传播和普及做出更大的贡献。

加强与国际社会的合作与交流，促进世界各地文化的融合与发展。通过参加国际会议、开展合作项目等方式，与其他国家和地区的文化机构建立联系，共享资源、交流经验和技术，共同推动全球文化的繁荣和发展。

第二节　数字图书馆的基本特征与功能

在信息时代，数字图书馆已经成为人们获取知识和信息的重要途径。它们不仅仅是传统图书馆的数字化版本，更是结合了先进技术和创新服务理念的全新产物。了解数字图书馆的基本特征和功能是理解其价值和意义的关键。

一、数字图书馆的基本特征

（一）数字化资源存储

1. 高效存储

在当今信息化社会，数字图书馆已成为一种重要的知识存储和传播方式。它们利用先进的数字压缩技术和存储算法，高效地存储数字化资源。这些技术使得原本需要大量空间和资源的资料能够被有效地压缩和存储，大大提高了空间的利用率。同时，存储算法的运用确保了数据的长期保存和可靠性，避免了传统存储方式可能出现的资料损坏或丢失的问题。对于读者来说，数字图书馆的访问方式也极为便利——无论身处何地，只要有网络连接，就可以获得所需的信息。数字图书馆的出现，不仅解决了大量信息资源的存储问题，也极大地推动了知识的传播和共享，为学术界、文化机构、企业乃至普通公众提供了一个共享和访问知识的平台。

2. 节省物理空间

数字图书馆与传统的实体图书馆相比，具有许多显著的优势。其中最引人注目的是对物理空间的利用。传统图书馆需要大面积的书架、存储架来存放图书、期刊、报纸等实体资料，这不仅需要巨大的空间，还需要不断维护和管理的成本。然而，数字图书馆的资源以电子文件的形式存储在高性能的服务器和硬盘中，几乎不占用任何物理空间。这意味着，图书馆不再需要担心如何存储和管理大量的纸质资料，能将更多的资源和精力放到资源的收集、整理和服务上。

数字图书馆的又一个显著优势是信息检索系统。传统图书馆的资料检索往往需要人工操作，这不仅耗时，还可能因人为失误导致无法找到需要的资料。然而，数字图书馆的检索系统往往非常快捷且准确。读者可以通过关键词、作者、标题等快速找到所需要的资料。此外，数字图书馆的资料还可以通过互联网进行远程访问，这大大地提高了资料的可用性和便利性。

当然，数字图书馆也面临新挑战和问题。尽管高性能的服务器和硬盘可以存储大量的数据，但是如何确保这些数据的安全和完整却是一个大问题。此外，电子文件的形式也可能会导致版权和管理的问题。

3. 易于备份和保护

在这个信息化、数字化的时代，数字图书馆以其独特的优势，成为知

识传播的重要枢纽。它以电子文件的形式海纳百川，收藏了各种珍贵的文献资源，不仅极大地丰富了读者的知识库，也因其易于备份和保护的特点，为资源的持续可用提供了坚实的保障。

资源的备份和保护，是数字图书馆运作中的重要环节。由于电子文件的特性，这些资源可以轻松地被复制和备份。这意味着，即便原文件因意外情况丢失或损坏，也可以从备份中迅速恢复，确保了资源的完整性和可用性。这种机制，使得数字图书馆的运作更加稳健，可靠，为读者提供了不间断的知识服务。

除了备份机制，数字图书馆还通过一系列的数字加密和权限控制技术，有效地保护了资源的知识产权和隐私。这些技术手段的实施，大大降低了非法复制和传播的可能性，为作者的权益提供了坚实的保障。这不仅维护了知识创作的积极性，也确保了知识传播的合法性和公正性。

4. 便捷的访问和传输

数字图书馆的资源不仅丰富，而且查找起来十分方便。借助于计算机和网络的力量，读者可以轻松地在海量信息中找到所需内容。这得益于数字图书馆高效的搜索功能和智能推荐系统，它们可以根据读者的搜索历史、阅读习惯等因素，为读者推荐最相关的资料。数字图书馆的资源还具有极高的传输效率。通过互联网，读者可以迅速地获取到这些资料。这种高效性不仅节省了读者的时间，也提高了读者的学习效率。

5. 易于检索和管理

在数字图书馆的检索系统中，读者只需输入关键词或者作者、标题等关键信息，系统就会在后台的数据库中快速地搜索，短时间内就能为读者提供一系列相关的图书资源。这种检索方式大大缩短了读者寻找所需资源的时间，提高了资源的获取效率。数字图书馆不仅提供了高效的检索方式，还支持资源的批量导入、导出和整理。读者可以将自己的资源导入数字图书馆，也可以将图书馆中的资源导出。

同时，数字图书馆还提供了整理功能，读者可以根据自己的需要对资源进行分类和归档，方便后续的查找和使用。数字图书馆的个性化资源管理功能也是其吸引人的地方之一。读者可以根据自己的阅读习惯和需求，对数字图书馆中的资源进行定制和筛选，使其更加符合自己的阅读口味和需求。

除了上述优点，数字图书馆还具有广泛的应用领域和巨大的发展潜力。例如，在教育领域，数字图书馆可以为师生提供丰富的电子资源，方便他们在校园内外随时随地查阅、学习和研究；在科研领域，数字图书馆可以提供大量的专业文献和数据，为科研人员的研究提供有力的支持。

（二）物理空间限制

1. 消除地理障碍

不论读者身处哪个城市、国家，只要有互联网连接，就可以访问数字图书馆的资源，无须因为某本书或某份资料而专门前往某个特定的图书馆。对于那些位于偏远地区，或是交通不便的地方，数字图书馆提供了与大城市居民同等的资源获取机会，减少了地域性的信息不平等。

2. 时间的自由度

传统图书馆有开馆和闭馆的时间，而数字图书馆则是 24 小时不间断地提供服务。那些工作繁忙、学习时间不固定或是夜猫子类型的读者，可以在最合适自己的时间段访问图书馆，大大提高了学习效率和便利性。

3. 资源的丰富度与多样性

数字图书馆不受物理空间限制，因此可以存储海量的资源。这包括了图书、期刊、报纸、多媒体资料等，而且这些内容可以来自全球各地。由于没有了物理空间的约束，图书馆可以更加专注于资源的采集、整理和更新，使得读者可以获取到更加丰富和多样的信息。

4. 环境的可持续性

传统图书馆需要大量的纸张、墨水和其他物理材料来维护，而数字图书馆则更加环保。它减少了纸张的使用，降低了碳足迹，符合当今社会的

绿色、低碳、环保的发展理念。

（三）可扩展性与共享性

1. 技术上的无限扩展

基于云计算和分布式存储技术，数字图书馆的存储容量在技术上是可以无限扩展的，这使得它能够容纳海量的信息。与传统的图书馆相比，数字图书馆不受物理空间限制。在传统的图书馆中，实体资料的数量和种类往往受到空间和预算的限制。然而，在数字图书馆中，空间不再是问题。读者可以持续不断地增加新的资源，从各种领域和角度来丰富读者的知识库。数字图书馆的另一个优势是方便快捷。通过搜索引擎，读者可以迅速找到所需的信息。此外，数字图书馆还提供了多种阅读模式，如文本、图片、音频和视频等，使得阅读更加生动有趣。

2. 资源的持续更新

数字图书馆不仅在存储容量上有着极大的扩展性，还可以随时更新和扩充其资源类型和内容。随着科技的不断发展，数字图书馆的资源库也在不断扩大。它不仅容纳了各种类型的学术研究成果，还涵盖了新出版的著作，以及历史档案的数字化版本。这些资源都可以方便地被加入数字图书馆的资源库中，只需要经过简单的操作，新的资源就可以被添加到资源库中。这使得数字图书馆能够始终保持其信息的最新状态，为读者提供最新的信息和服务。

3. 全球范围内的资源共享

随着网络技术的飞速发展，数字图书馆已经逐渐成为读者生活中不可或缺的一部分。它借助先进的技术手段，打破了传统图书馆在时间和空间上的限制，让读者可以随时随地访问世界各地的宝贵资料。这种跨越地域界限的特性，使得数字图书馆成为一个全球性的知识传播和交流平台。在这个平台上，学者、研究者和普通读者都可以成为参与者。他们可以通过数字图书馆，轻松地查阅各种类型的学术资料、专业书刊等资源。这些资源不仅数量庞大，而且涵盖各个领域的知识。读者可以根据自己的需求，自主选择感兴趣的资源进行阅读和学习。这种个性化的选择方式，使得读者可以更加深入地了解自己感兴趣的领域，从而促进了知识的传播和交流。

数字图书馆的另一个重要特点是它所具有的开放性和共享性。与传统的图书馆不同，数字图书馆不受物理空间的限制，可以容纳更多的资源。同时，这些资源也不是孤立的，读者可以通过数字图书馆的平台，与其他读者进行交流和分享。这种交流和分享不仅限于文字信息，还可以包括图片、音频、视频等多种形式的数据。这种多元化的交流方式，使得读者可以更加直观地理解其他读者的思路和想法，从而促进知识的创新和进步。

为了更好地满足读者的需求，数字图书馆不断完善和升级服务。例如，一些数字图书馆提供了在线咨询、个性化推荐、论文查重等功能。同时，数字图书馆还通过与其他机构的合作，不断地扩展自己的资源库和读者群体。这种合作共赢的模式，使得数字图书馆可以更好地发挥自己的优势，为推动全球知识传播和交流做出更大的贡献。

4. 互操作与合作

数字图书馆支持各种开放标准和协议。这些开放标准和协议包括通用元数据标准、信息对象协议、资源描述框架，它们使得不同系统之间的互操作成为可能，使得数字图书馆彼此间可以方便地进行数据交换、资源共享和跨库检索等操作。数字图书馆之间的互操作，意味着它们可以方便地进行合作，共同建设、维护某个领域的资源库，提高了资源的利用率，为读者提供了更加全面、更加高质量的服务。

例如，当读者在数字图书馆中搜索所需的资源时，其可搜索的信息库除了本馆，还包含与该馆资源共享的其他数字图书馆。这种跨库检索功能可以帮助读者更快地找到最符合自己需求的信息。

更为重要的是，数字图书馆的互操作性还有助于提高学术研究的效率。不同的学术机构可以共同建设数字图书馆，将各自的资源进行整合，真正实现学术资源共享，大大推动学术研究的交流与创新。

5. 促进学术交流与合作

数字图书馆的学术交流功能提供了线上发表文章的平台。学者、研究者可以在这个平台上轻松地发布自己的研究成果，获得更多的引用和认可。

除了发表文章的功能，数字图书馆还提供了一个在线讨论的平台。在这个平台上，读者可以与其他学者、研究者交流，讨论，分享自己的见解和经验，了解他人的观点和研究成果。

此外，数字图书馆还可以促进国际合作项目。通过数字图书馆的在线平台，读者可以轻松地与国外的学者、研究者开展合作，共同研究项目。这种国际合作可以提高研究的质量和水平，促进不同国家之间的学术交流和合作。

（四）全天候服务

1. 永不闭馆，随时在线

不像传统图书馆有固定的开馆和闭馆时间，数字图书馆的服务是 24 小时不间断的。在某些情况下，读者可能急需某个资料或信息，而传统图书馆可能已经闭馆。在这种情况下，数字图书馆的全天候服务就像是一个随时在线的急救站，读者可以随时获取所需资源，解决问题。对那些需要在非工作时间研究、学习或写作的读者来说，这种全天候服务让他们能够按照自己的节奏和计划学习和研究。

2. 提升学习效率

每个人的生物钟和学习习惯都是不同的。有些人更喜欢在深夜时段学习，有些人则可能在早晨更有创作灵感。数字图书馆的全天候服务满足了各种学习习惯和需求，使读者能在自己最高效的时间段进行学习和研究。

3. 与时俱进的服务模式

在这个快节奏、高效率的时代，人们越来越注重时间的利用。数字图书馆的全天候服务做到了紧跟时代步伐，很好地满足了读者对便捷、高效的要求。

二、数字图书馆的主要功能

（一）资源检索与浏览

1. 高级检索功能

数字图书馆配备了先进的检索算法，除了简单的关键词检索，还提供了布尔运算、字段限定等高级检索选项，确保读者能够迅速定位到所需资源。

2. 多格式浏览

资源的在线浏览功能确保读者可以直接在图书馆平台上查看资料。此外，无论是文本、图片、音频还是视频，数字图书馆都提供了相应的播放器或阅读器，确保读者无障碍浏览。

3. 资源的下载与导出

为了满足读者离线使用的需求，数字图书馆通常允许读者下载或导出资源。这可能包括 PDF、EPUB 等多种格式，适用于不同的设备和应用场景。

（二）个性化服务

1. 推荐系统

基于大数据和人工智能技术，数字图书馆能够分析读者的浏览、搜索和借阅行为，为读者推荐其可能感兴趣的资源。

2. 定制化阅读清单

读者可以根据自己的兴趣和需求创建多个阅读清单，方便管理，方便日后快速访问。

3 个性化推送服务

数字图书馆可以通过邮件、短信或手机应用程序等方式，向读者推送新资源上线、活动通知等与其兴趣相关的信息。

（三）保存与保护文化遗产

1. 数字化保存技术

借助先进的高清扫描技术和 OCR 技术，数字图书馆确保了历史文献和文化遗产在数字化过程中能够保持其原始的风貌和特色。这种技术对于保护珍贵的文献资料，防止因时间和环境等因素而造成的文献损失或破坏起到了至关重要的作用。通过数字化保存技术，这些文献资料得以永久保存，为后代留下了宝贵的历史遗产。

2. 全球化共享

数字化后的文化遗产不是保存在某个特定的图书馆中，而是通过互联网这一强大的平台在全球范围内传播。这无疑加强了不同文化、不同国家之间的交流与合作。通过互联网，人们可以很方便地访问自世界各地的文化遗产线上信息，从而更好地了解和欣赏其他国家和地区的文化特色。这种共享机制使得文化遗产的价值得到了最大限度的发挥和利用。

3. 教育与研究价值

对于学者、教育家以及广大的公众而言，这些数字化的文化遗产无疑提供了丰富的研究材料和教育资源。通过这些资源，人们可以更深入地研究和了解人类历史文化的方方面面。例如，历史学家可以利用这些资料研究古代社会的政治、经济、文化等方面的情况，而教育家则可以将这些资料作为教材让学生更好地学习人类历史和文化。此外，普通公众也可以通过这些资源来拓展自己的知识面，提升自己的文化素养。

第三节　传统图书馆与数字图书馆的融合与发展

一、传统图书馆和数字图书馆在现代社会中的地位和作用

无论是在传统的图书馆内建设的数字图书馆，还是独立于传统图书馆

另建的数字图书馆，其本质上都是传统图书馆的数字化发展，是在传统图书馆的基础上发展起来的。因此，在论述数字图书馆之前，有必要先讨论一下传统图书馆的社会地位和作用。

（一）传统图书馆的社会地位和作用

传统图书馆（以下简称"图书馆"）的社会地位取决于它在社会活动中所起的作用，因为人类社会的发展在很大程度上依赖信息的交流。在整个社会信息交流网中，图书馆从诞生之日起就有着独特的作用。1975 年，国际图书馆协会联合会（以下简称"国际图联"，International Federation of Library Associations and Institutions,IFLA）在法国里昂召开的图书馆职能科学讨论会上，一致认为现代图书馆的社会职能包括：保存人类文化遗产、开展社会教育、传递科学情报、开发智力资源。

国际图联确定的图书馆的社会职能，基本反映了现代图书馆的实际情况和现代社会对图书馆的实际要求。这四种职能是处在不同国家的现代图书馆所具有的共同性职能，也是社会要求图书馆承担的共同责任和义务。但是，不同社会制度的国家对图书馆的这四项社会职能赋予了不同的思想内容、不同的政策和目标，不同类型的图书馆对这四个职能的侧重点也各不相同。依照中国图书馆业内的研讨论述，图书馆的社会职能大致包括以下内容。

1. 社会文献信息流整序

社会文献信息的生产具有两个明显的特征，即连续性和无序状态。

连续性，是指社会文献信息一旦产生，就不会停止运动，总是源源不断地涌现。例如，随着计算机的产生，大量关于计算机知识的信息就源源不断地产生，并随着学科的发展而发展。社会文献流的这种连续运动状态，叫作"文献信息流"。

无序状态，是指社会文献信息的产生，对于个体单一的机构是自觉、有目的的，但对于社会整体则是不自觉、无目的的，并且文献流向是分散的、多头的。文献的这种无秩序、自然排列的流动状态就是"无序状态"。

社会文献流的这种无序状态，给使用者带来了极大的不便。

为了合理、有效、方便地利用文献信息，同时控制文献信息流的流通，就需要对文献信息进行整序。图书馆就是这种能对社会文献信息进行整序的社会机构。因此，对社会文献信息流的整序，就成为图书馆最基本的职能之一。图书馆文献信息的整序工作，是利用分类、编目等技术方法，揭示文献信息的内容特征和形式特征，通过对文献信息的科学分类、组织，达到为读者提供文献信息服务的目的。

2. 保存人类文化遗产

图书馆是人类文明的载体，它从产生之日起就承担了保存人类文化遗产的职能。有了图书馆出现，人类社会实践所取得的经验、文化、知识才能得以系统地保存并流传下来，成为现在人类宝贵的文化遗产和精神财富。图书馆按照一定的原则和范围，全面系统地收集记载人类社会发展的各种信息，并进行加工、整理，使其长久地保存下来，流传下去，对于人类社会发展和进步有着不可磨灭的历史功绩。

图书馆最广泛、最完整地保存了记载人类活动的知识文化典籍，在整个社会体系中占有任何其他文化机构都不能取代的重要位置。因此，保存人类文化遗产是图书馆特有的职能。

为了系统、完整地保存人类文化遗产，许多国家颁布了有关保存珍贵图书、地方文献的法令，大多数国家还制定了出版物呈缴制度，由有关图书馆负责系统、全面地收集保存国内出版物，版本图书馆的建立就是为了实现这一目的。

3. 开展社会教育

近代的工业化大生产，要求工人掌握较多的劳动知识和劳动技能，这使得图书馆开始真正走入平民百姓当中，担负起了对工人的科学、知识、文化的教育任务。现在，图书馆成为继续教育、终身教育的基地，担负了更多的教育职能。图书馆具有学校课堂教育所不能替代的教育功能。图书馆既能进行个别教育，也能进行反复教育，还能进行需方教育，从而有效地提高学习者的学习能力。

图书馆是社会教育体系的重要组成部分。古代的图书馆就有着教育职能，但由于范围小，社会职能并不明显。随着人类社会进入大机器工业生产时代，各个工种岗位都要求从业者具备较高的科技素养。在这种情况下，图书馆不再局限于收藏与管理职能，逐渐对社会开放，迎接广大读者到此学习知识，接受教育，成为重要的社会教育机构。

随着现代科学技术的发展和学习型社会的建立，人们对知识的需求越来越迫切，终身学习已成为一种生活方式。这使得图书馆的社会教育职能越来越突出，具体表现在以下方面。

（1）进行思想教育

图书馆是国家文化教育事业的重要组成部分，根本任务之一是为社会服务。图书馆要大力宣传政府的方针、政策、法令等，使广大人民群众自觉维护国家和人民的利益，为建设美好的祖国而共同努力。在现阶段，中国图书馆的任务是开展社会主义精神文明建设，宣传社会主义法治、社会道德和行为规范，提高广大群众的基本素质，为建设和谐社会做出贡献。

（2）传播科学文化知识

图书馆传播科学文化知识包括三个层面的内容：一是为受教育水平较低的社会群体服务，为他们提供基本的科学文化知识，以提高他们参与社会竞争的能力；二是为虽然接受过良好教育，但为了适应科学技术的发展而继续学习的社会成员服务，提供科学文化知识，促使他们能够跟上社会的进步与发展；三是为老年群体服务，帮助他们更新知识，更好地适应社会。

4. 传递科学情报传递

科学技术是第一生产力，一个国家要发展生产力，必须加强科学研究和创新。而科学研究和创新具有明显的继承性、连续性。这就需要迅速地收集、掌握文献资料中的情报信息，以便为社会提供及时准确的情报服务，避免遗漏和重复劳动。现代科学技术迅速发展，记录科学技术的文献情报急剧增长，收集、整理需要花费大量的时间和精力，自发、分散、孤立地收集科学技术

情报资料已远远不能满足客观需求，需要专门机构、专业团队完成科技情报的收集、加工、整理和传递工作，于是专门的情报机构应运而生。

图书馆作为情报资料的重要收藏机构，传递科学情报成为其最重要的社会职能。图书馆收集国内外各学科、各专业、各学派、各种深度的文献资料，不仅要提供科技信息，还要提供政治、经济、文化、教育各领域的情报信息，以满足社会对情报信息的广泛需求。

5. 开发智力资源

智力，是人们认识客观事物并运用知识解决实际问题的能力。智力是一种资源，只有被人们开发和利用，才能最大限度地释放能量，为人类社会服务。图书馆开发智力资源的职能主要体现在以下两方面。

（1）开发文献信息资源

图书馆收藏的图书文献蕴藏着知识、信息，是人类智慧的结晶，也是一种智力资源。采用现代化的技术手段，将文献资料中的情报信息充分揭示出来，为每一条信息找到使用者，同时为每一个需求者找到其所需要的信息，从而使图书馆的智力资源得到充分的开发和利用，为社会创造新的物质财富和精神财富。

（2）开发人的智力资源

人的智力是一种潜在的资源，只有经过开发，才能最大限度地发挥作用。图书馆关于人的智力资源开发工作与图书馆的社会教育职能密切相关。一是对读者进行学习方法和阅读能力的教育，培养读者的学习能力；二是对读者进行情报信息检索知识的教育，以提高读者利用图书馆资源的能力；三是利用图书馆丰富的文献资料对读者开展科研的教育，引导读者不断丰富自身的知识，更新原有的知识结构；四是开办各种培训班、组织各类讨论活动，开阔读者的视野，启发读者的思维。

6. 提供文化娱乐

随着社会文明的进步和人类对生活质量的关注，人们对日常生活、娱乐休闲中的文化格调、艺术品位等，有了越来越高的要求。让社会民众走进图书馆，享受高品质的娱乐休闲，成为图书馆的另一社会职能，如图书馆可举办音乐茶座、音像放映等，使图书馆真正成为人们生活中不可或缺的重要组成部分。

（二）数字图书馆的社会地位和作用

1. 数字图书馆是对传统图书馆的继承

图书馆的最终职能是文献信息的检索与传播，这一职能是不会变的。数字图书馆的出现，只是优化了图书馆收集、组织、传递和利用文献信息的方式，并没有改变或削弱图书馆原本的职能，反而是更好地实现了原本的职能。因此，虽然有很多人担心数字图书馆的发展会让纸质出版物彻底消失，使得传统图书馆也随之消失，但这种担心显然是杞人忧天了。数字化的结果不仅没有减少纸张的使用，反而增加了纸张的使用。2000 年，美国一项研究表明：电子化办公之后，纸张的使用是原来的好几倍。美国国会图书馆馆长比林顿博士接受采访时说，如果要在电子出版物与印刷出版物之间做选择的话，他肯定选择印刷出版物。

数字图书馆与传统图书馆的作用都是收藏人类文献资源，并供人们利用。数字图书馆是对传统图书馆的补充和深化，而不是对立和消解。传统图书馆不会消失。比尔·盖茨曾斥巨资设立基金，专门用于图书馆建设。目前，在世界各国建设发展得红红火火的数字图书馆，大都由图书馆界在承担。数字图书馆的馆藏内容，即海量数据库，都要依托传统图书馆的精华馆藏。例如，中国已经开始进行的数字图书馆工程，将要完成"中华文化史资源库""中华人民共和国国史资源库""中国教育资源库""中国国学资源库"等数据库。这些数据库的内容都是传统图书馆馆藏中的精华部分。这就充分说明了数字图书馆实质上是传统图书馆的数字化发展，是传统图书馆的新兴业态。

2. 数字图书馆是传统图书馆的发展

对于图书馆发展史而言，数字图书馆的出现是继承，更是深层次变革，

是图书馆自动化、现代化的高级阶段，是图书馆事业发展的继续。数字图书馆在服务手段、服务质量、提供信息的广度和深度等方面，都有了质的飞跃。例如，读者可以不受时间、空间、数量的限制，读者获取信息能更加迅速准确，远程教育手段使原有的教育功能进一步完善，等等。此外，数字图书馆的馆藏内容不仅包含了传统图书馆馆藏中的精华部分，还有所扩展，如将互联网上的各种有价值的信息整理后作为本馆的虚拟馆藏，或购买商业性的数据库作为本馆的馆藏。

（三）数字图书馆对传统图书馆服务的影响与挑战

从影响的角度说，数字图书馆的出现并非为了取代传统图书馆，而是对传统图书馆功能的进一步完善和丰富，主要体现在以下两个方面。

第一，数字图书馆服务是信息技术在传统图书馆中的运用，是对传统图书馆服务的升级。运用数字化手段，可以使图书馆处理信息的效率变高；同时，读者与读者间、读者与图书馆间能够进行信息交流与共享，使各种信息随处可得；新型的信息对象与信息媒介得到支持；通过数字化手段处理大量数据，使传统图书馆可以进一步提供数据服务。

第二，作为一种抽象的虚拟信息服务，数字图书馆可以不依托传统图书馆而存在，只存储和管理电子资源，通过自动化系统独立为读者提供海量数据，还可深化发展为数字信息产业。在这种发展模式下，数字图书馆的存在方式可不拘泥于为读者提供图书电子资源，只需拥有信息资源数据库如电子期刊的门户网站、声音库、影片库、图库等等。

同时，数字图书馆的出现也给传统图书馆带来了一些挑战，在某些功能上取代了传统图书馆。

首先，读者无须受到实体图书馆的时空限制。计算机和信息技术已经深刻地改变了人们的生活方式，数字图书馆能把传统图书馆的信息资源直接带到人们的面前，读者无须造访图书馆，通过计算机设备或手提设备就可以随时随地进行信息检索和信息获取。

其次，信息资源的丰富程度和更新速度均优于传统图书馆。基于海量的网络资源，计算机系统能够比手工方法更好地发现、存储、检索和浏览信息。这使得读者利用计算机的同时还能意外发现其他有价值的信息，可获得的资源不限量。而且，数字图书馆能够第一时间将最新资源及其变动详情展示给读者。

二、数字图书馆与传统图书馆的关系

（一）递进关系

从图书馆事业发展看，数字图书馆是传统图书馆蓬勃发展的必然。图书馆自诞生以来，至今已经有3000多年的历史，从古代图书馆、近代图书馆、现代图书馆乃至于数字图书馆的变迁，图书馆在中国大体上经历了以下四个发展阶段。

殷商时代，王室已有了保存典籍的地方，这就是萌芽中的图书馆雏形；汉代建立收集藏书的"天禄阁"，编撰中国最早的藏书目录《七略》，标志着中国图书馆已初具规模；盛唐时期，由于政治、经济、文化、科学的发展，图书馆事业日益兴盛，建有著名的弘文馆、崇文馆等藏书室。

从宋代到清代，中国古代图书馆进入了繁荣时期，雕版印刷术、活字印刷术的发明推动了图书馆业的发展，《四库全书》的编撰完成应该说是中国古代图书最大规模的一次汇总。

1840年，鸦片战争之后，受西方资本主义文化的冲击，封建文化日趋没落，学习西方科学文化的思潮日渐兴起，封建时代的藏书楼已不适应社会发展的需要，逐渐走向解体。此时，出现了面向社会开放的图书馆，如1902年浙江徐树兰仿照西方公共图书馆的模式创办的古越藏书楼。

于1904年落成的湖南省图书馆，宣告了近代图书馆时代的到来。随着科学技术的发展，图书馆进入了一个新的发展阶段——现代图书馆时期。

这时的图书馆不仅要为读者提供以卷册为单位的原始文献资料，而且要对所有收藏的知识材料进行加工，以满足读者的需要。显然，此时的图书馆除具有保存文化典籍、普及科学知识、开展社会教育的职能，还增加了信息的选择、传递、交流以及智力资源开发的职能。

数字图书馆是一个分布式的大型知识库，即以分布式海量数据库为支撑，基于智能检索技术和宽带高速网络技术的大型、开放、分布式信息库群。它改变了传统图书馆静态书本式文献服务特征，实现了多媒体存取、远程网络传输、智能化检索、跨库无缝链接，开创了超时空信息服务的新面貌。

纵观历史，数字图书馆的出现是传统图书馆发展的必然结果：如果没有传统图书馆做铺垫，便没有数字图书馆的今天；如果没有传统图书馆做依托，便没有数字图书馆的顺畅运转；如果没有传统图书馆的繁荣，便没有数字图书馆的发展。由此可见，数字图书馆与传统图书馆既有密不可分的依赖关系，又有以此为基点逐步向前发展的递进关系。

（二）涵盖关系

从图书馆服务手段看，数字图书馆集合了传统图书馆的核心内涵。数字图书馆是传统图书馆在信息时代的发展，囊括其他信息资源供给单位诸如博物馆、档案馆的功能，成为公共信息枢纽，最重要的是，其仍包含着传统图书馆向社会公众提供相应服务的功能。

在传统图书馆的服务过程中，往往是通过合理建设馆藏、开发文献资源及运用丰富服务手段为读者提供周到的信息服务。

首先，图书馆要开展认真细致的读者调查，了解阅读需求和阅读倾向，据此确定入藏图书的品种和数量，使馆藏文献最大限度地发挥效益。

其次，通过对馆藏一次文献进行加工，形成二次文献、三次文献，开展定题、专题信息服务，利用丰富多彩的服务手段吸引各个阶层的各类读者。

传统图书馆向数字图书馆转变的突出特征就是工作重心从收藏向获取

转移，从文献描述向文献传递转移，从提供文献线索向提供分析加工后的信息产品转移。在数字图书馆条件下，图书馆的信息环境和内部机制都会发生巨变。随着传统馆藏内涵的扩大和大量虚拟馆藏的引入，图书馆必然要在原有的传统服务的基础上进一步增加服务内容，丰富服务手段。在这个过程中，数字图书馆不仅要发展传统图书馆的服务方式，还要推出更多的基于网络环境的服务手段，拓宽图书馆信息服务的范围，形成多元化服务。从服务这个角度来看，可以这样说，数字图书馆既有继承与扩展的关系，又涵盖了传统图书馆诸多内容。

（三）并存关系

数字图书馆和传统图书馆短期内仍无法相互替代。图书馆收藏文献、书刊资料具有悠久的历史，随着科技的进步，图书馆收藏文献的品种不断丰富，除了印刷型出版物，数字化文献出版物也成为图书馆的收藏对象。这是社会生产力发展的必然。图书馆的发展，还会有这样那样的新生事物，因此，诸如"图书馆要转型，纸质文献要消失"之类的说法是毫无科学根据的。美国著名的图书馆学家兰开斯特是"无纸社会"的积极鼓吹者，被视为"图书馆消亡论"的代表人物。但是，他于20世纪90年代中期改变了原本的观念，他在《关于无纸社会的再思考》一文中写道："从以纸为载体过渡到以电子为载体的交流令人神往。然而随着过渡的实际进行，我对其发展和意义变得不再热情满怀，在过去的几年甚至变得敌视。"

不论是纸质形式，还是电子化形式，其实都是信息的载体。一种载体很难一下子消失，载体的存在和消亡都取决于社会对其的依赖程度、需要程度，尤其在网络、计算机尚无法普及的很多地区，纸质文献的地位难以撼动。

三、数字图书馆区别于传统图书馆的特征

数字图书馆是图书馆自动化发展的高级阶段，它在信息存储形式、信

息组织形式、信息处理和输出形式以及服务方式等方面都和传统图书馆有根本的区别，主要表现在以下方面。

（一）馆藏结构不同

传统图书馆以纸质载体为主，其他载体并存，它的复本概念和拒借率等现象不会消失；数字图书馆以出版物和网上数字信息为对象，它的存储介质已不限于纸张，有文本、声、光、图像、影视等多种媒体，其存储的载体也相应有光盘、录音带以及各种类型的数字化、电子化装置，通过多媒体、超文本、超媒体等技术，提供智能化的信息检索手段，展示各种生动、具体、形象、逼真的信息，并且不存在复本和拒借率问题。

（二）服务方式不同

传统图书馆的服务，以图书馆为中心被动地为读者服务，受时空限制，只能局限在一定的地区、一定的时间段。

数字图书馆的服务是开放型的，是一个分布式的图书馆群体。数字图书馆通过宽带高速互联的网络，把分布在一个地域或一个国家的众多图书馆或信息资源单位组成联合体，把不同位置、不同类型的信息按统一标准有效存储、管理，使读者在任何时候、任何地方都可以在网上远程跨库获取任何所需的信息资源，达到最大限度的资源共享。数字图书馆是以读者为中心的。读者通过网络终端的方式查找信息，可以同时存取众多数字图书馆的信息资源。

（三）工作重心不同

传统图书馆以采购、编目，进而流通、阅览为工作重心；数字图书馆则以信息的收集分析、参考咨询和网络导航为中心。数字图书馆可实现异种数据库之间、异种服务之间、异种工作站之间的交互操作。

（四）文献信息载体的寿命不同

传统图书馆以纸张载体为主。中国素有"纸千寿"之说，迄今为止，没有哪一种轻便的文献载体比纸张更易于长久保存。

电子载体不仅保存条件苛刻，而且寿命极短。数字化的信息容易受病毒等因素的影响，以致数据永远丢失。

（五）图书馆管理员工作的任务不同

传统图书馆管理员的主要任务是对文献信息进行收集、整理、保存、传播；而数字图书馆时代的管理员的角色不再只是被动的信息资源管理者，而是信息采集者、管理者和传播者，成为利用文献信息的导航员，可以通过网络随时发布和传播各种文献资源信息，对读者进行"引导"或"导航"，向读者提供多种兼容的多媒体远程数字信息服务。

（六）图书馆发展经费的两极分化

传统图书馆发展缓慢，图书馆建设基本完成以后花费不多；而数字化图书馆的建设发展投入具有高资金、高技术设备、高消耗的特点，而且信息资源共建共享也是高投入的，例如中国国家图书馆的中国数字图书馆试验计划和教育部的 CALIS（中国高等教育文献保障体系）项目的启动均已耗资数千万人民币。

（七）图书馆的评价指标不同

传统图书馆一般用藏书量作为主要的评价指标。例如，评价一个高校图书馆要看师生人均有多少册书、刊，每年新购多少册书、刊，或藏有哪些大部头图书、特色图书等。这些指标的着眼点都是藏书量，重投入和规模，轻产出和效益。投入和规模等指标，如书刊购置费、设备购置费、馆舍、馆藏、人员等是量化的，而产出和效益，如服务的质量和数量、整体效益

和效率、人均效益和效率等往往缺少量化指标，要求模糊，评价是难以操作的。

数字图书馆以本馆和读者所能利用的文献量、信息量及利用这些文献、信息所产出的产品的数量、质量和效益作为评价指标，重产出和效益，投入和规模的权值降低，被利用的文献量、信息量及产出产品的数量、质量、经济效益等都是可量化的，评价较易操作。

传统图书馆与数字图书馆的融合发展具有重大的意义。二者的互补性决定了它们只有相互融合，才能最大限度地满足读者的需求，推动图书馆事业的进步。未来的发展趋势是以读者为中心，以技术为驱动，推动传统图书馆与数字图书馆的深度融合。资源的数字化、服务的智能化、空间的虚拟化将成为新的发展方向。同时，随着 5G、人工智能等新技术的广泛应用，图书馆的服务将更加个性化，便捷化，智慧化。

数字图书馆的出现是图书馆事业发展的一个里程碑，不仅改变了传统图书馆的工作方式和服务模式，也为读者带来了前所未有的体验。在未来，传统图书馆与数字图书馆的融合发展将成为主流，为读者提供更加全面、高效、便捷的服务，推动图书馆事业不断向前发展。

第二章　数字图书馆的架构与技术基础

第一节　数字图书馆的系统架构与设计原则

一、数字图书馆系统架构

（一）基础设施层

1. 硬件设备

数字图书馆的硬件设备，包括服务器、存储设备和网络设备。这些设备在数字图书馆中扮演着至关重要的角色。

服务器，作为数字图书馆的核心，负责处理和响应各种请求，承担着为读者提供高效、快捷的阅读体验的责任。服务器需要具备强大的计算能力，以应对大量读者的请求。

存储设备，用于存储海量的数字化资源，如电子书、电子期刊、电子报纸等。为了确保数据的安全和可靠，存储设备需要具备高性能、大容量以及良好的扩展性。同时，为了应对数据量的不断增长，存储设备还需要具备高效的数据备份和恢复功能。

网络设备，负责数据的传输和通信，确保系统的流畅运行。它们需要具备稳定、高速的网络连接能力，以便实时传输大量数据。此外，网络设备还需要具备冗余设计，以防止因设备故障导致的数据传输中断。

2. 基础软件

除了硬件设备，基础软件也是数字图书馆运行的重要支撑。其中，操

作系统和数据库管理系统是两个最为关键的部分。

操作系统作为数字图书馆的基础平台，提供底层支持，确保各种应用软件的稳定运行。操作系统需要具备高效的任务调度和资源管理功能，以便合理地分配计算资源和存储资源。同时，操作系统还需要提供丰富的开发工具和库函数，以便开发人员能够更加便捷地开发出各种应用软件。

数据库管理系统则负责结构化数据的存储和查询，保障数据的完整性和一致性。它们需要具备强大的数据存储和管理能力，以便存储和管理大量结构化数据。同时，数据库管理系统还需要具备高效的数据查询和检索功能，以便快速检索和查询数据。此外，数据库管理系统还需要具备数据安全保障功能，以防止数据的泄露和损坏。

（二）资源管理层

在当今这个数字化时代，资源的数字化与存储管理已经成为图书馆工作中不可或缺的一部分。资源管理层主要负责将传统的纸质资源转化为数字资源，并进行高效的存储和管理，确保资源的真实性和可访问性。这一过程涉及多种技术，如图像扫描、文字识别、数据压缩等。为了保障数据的一致性和可交换性，图书馆需要遵循国际通用的元数据标准，如MARC、DC 等。

（三）服务应用层

检索与浏览系统，是数字图书馆的基石。这一系统提供了强大的检索功能，读者只需输入关键词、作者或标题等，就能轻松地找到自己所需的资源。同时，检索与浏览系统还提供了资源的浏览和预览功能，使读者能快速了解资源的内容，从而决定是否获取。这种系统的设计理念就是让读者能方便、快捷地获取所需信息，节省了读者在查找资源上花费的时间和精力。

个性化服务系统，是数字图书馆的一大亮点。这一系统根据读者的兴趣和历史行为，为读者提供个性化的资源推荐和服务。例如，基于读者的借阅历史，个性化服务系统可以向读者推荐与其兴趣相符的书刊或文章。此外，根据读者的地理位置，个性化服务系统还可以提供当地的文化活动和展览信息，使读者能够更加深入地了解和参与当地的文化生活。这种个性化服务不仅提高了读者对数字图书馆的满意度，还能帮助读者更好地利用数字图书馆的资源。

参考咨询系统，是数字图书馆的重要保障。这一系统提供专业的参考咨询服务，解答读者在使用过程中的疑问。参考咨询系统可以是一个在线的问答系统，也可以是一个虚拟的参考咨询台。无论是在线还是离线，参考咨询系统都能确保读者在使用数字图书馆时得到及时的帮助和支持，提高读者对数字图书馆的信任度，使读者在使用数字图书馆时更加得心应手。

（四）读者接口层

1. 网站界面与读者体验

一个好的网站界面和读者体验设计对于数字图书馆来说至关重要。清晰、直观的界面使读者能够轻松地找到所需的功能和资源，而不会迷失在复杂的页面布局中。同时，注重读者体验的设计，例如响应式设计、无障碍访问设计等，可以确保不同读者都得到满意的使用体验。比如，对有视力、听力视障或行动不便的读者来说，无障碍访问设计是不可或缺的，相应的辅助功能，包括语音导航、文字放大等，能帮助他们更好地使用网站，获取信息。

2. 移动应用与终端设备支持

据统计，移动设备的读者数量已经超过了桌面设备，这意味着移动应用已经成为人们获取信息的主要途径之一。因此，数字图书馆应该重视移动应用的设计和开发，确保读者在手机、平板等设备上也能够方便地使用图书馆的资源和服务。此外，终端设备支持也是必不可少的。不同的读者可能使用不同的终端设备，如电脑、平板、手机等。因此，数字图书馆应

该提供全面的终端设备支持，确保读者在使用任何设备时都能够获得良好的使用体验。

（五）系统安全与维护

1. 数据备份与恢复机制

在当今这个数字化时代，数据的重要性不言而喻。因此，建立定期的数据备份机制是非常必要的，这可以防止数据丢失和损坏。同时，为了应对可能出现的意外情况，如系统故障、黑客攻击等，数字图书馆相关人员还需要制订应急恢复方案，以便快速恢复系统。

2. 安全防护与加密技术

随着网络攻击的日益猖獗，采用先进的安全防护技术已经变得至关重要。这包括使用防火墙来阻止未经授权的访问，使用入侵检测系统来监控和防止网络攻击，以及实施严格的数据加密策略。对于敏感数据，数字图书馆相关人员更要加密存储和传输，以确保数据的安全性和完整性。

3. 系统更新与升级策略

随着技术的发展和读者需求的变化，系统需要不断地更新和升级。制定合理的系统更新和升级策略是确保系统稳定性和前瞻性的关键。这涉及对版本进行规划、制定测试流程、选择合适的更新时机等。数字图书馆相关人员需要在确保读者正常使用的前提下，完成系统的升级工作。这需要数字图书馆相关人员投入大量的人力、物力和时间，妥善处理每一个细节。

二、数字图书馆设计原则

（一）以读者为中心

首先，满足读者需求与行为习惯是数字图书馆设计的关键。这需要在设计过程中进行深入的读者研究，了解读者的信息需求、浏览习惯、搜索行为等。通过细致的读者调研，设计者可以确保数字图书馆的服务模式、界面设计、资源组织方式等都能够充分满足读者的需求，并与读者的行为习惯相符。这样，读者在使用数字图书馆时，就能够感受到设计的贴心与便捷，从而提高满意度。

其次，提供个性化与定制化服务是数字图书馆设计的另一个重要方向。每个读者都有自己独特的信息需求，数字图书馆应提供个性化服务，如基于读者行为的推荐系统，为读者定制资源推送、阅读清单等。通过大数据分析和人工智能技术，数字图书馆可以实现对读者行为的实时监控和深度分析，从而为读者提供更加精准、个性化的资源推荐和服务。这样，每位读者都能得到与其兴趣和需求相匹配的服务，数字图书馆也就能够更好地满足读者的个性化需求。

此外，为了提高读者的满意度和使用体验，数字图书馆的设计还需要注重界面的友好性和易用性。界面的设计应该简洁明了，避免过多的复杂操作和信息堆积，使读者能够快速地找到所需资源。同时，数字图书馆应该提供多样化的服务方式和交互方式，如语音搜索、智能问答、手势操作等，以满足不同读者的需求和习惯。

（二）可扩展性与可维护性

为了满足日益增长的读者需求和资源数量，数字图书馆的设计需要充分考虑可扩展性和可维护性。数字化技术飞速发展，数字图书馆的规模和资源数量都在不断增长，因此，设计一个能够适应这种增长的数字图书馆是非常重要的。

首先，为了确保系统的可扩展性和可维护性，采用开放标准与协议是必要的。使用国际通用的开放标准和协议，可以确保系统的互操作性和数据交换的便捷性，为未来的扩展和集成打下基础。这能让数字图书馆的系统与其他系统无缝连接，方便读者进行资源共享和数据交换。

其次，模块化与组件化设计是实现可扩展性和可维护性的另一重要方

法。将整个系统划分为多个独立的模块和组件，每个模块和组件都具有特定的功能。这种设计方式便于系统的扩展和维护，某个模块的升级和改造不会影响整个系统的运行。同时，这种设计也使得系统的各个部分可以更加灵活地组合和配置，以满足不同读者的需求。

此外，数字图书馆的设计还需要考虑资源的多样性和复杂性。随着资源数量的不断增加，如何有效地管理和组织这些资源成为一个重要的问题。因此，设计一个具有高效存储和检索机制的数字图书馆系统至关重要。

（三）资源共享与合作

在数字化时代，图书馆通过网络与世界各地的图书馆和其他机构紧密相连。这种连接不仅突破了地理限制，也突破了时间限制，使得知识资源的获取更加便捷和高效。

首先，支持跨库检索与资源共享是数字图书馆的重要特征。在传统图书馆中，读者需要在每个特定图书馆中分别查找所需资源，这无疑增加了时间成本和检索难度。而在数字时代，读者可以借助网络平台，同时检索多个图书馆的资源库，大大提高了资源的查找效率。此外，图书馆之间也能通过资源共享的方式，丰富和扩展各自的资源体系，从而更好地满足读者日益多样化的需求。

其次，促进国际与国内图书馆的合作也是数字图书馆发展的重要方向。在全球化的大背景下，单个图书馆的力量是有限的，而通过与其他图书馆、学术机构、研究机构的合作，可以共同建设、维护和发展数字图书馆，形成合力。这样不仅可以减轻单个图书馆的压力，也有助于推动学术交流和文化传播。例如，一些大型的科研项目可能需要多个图书馆、多个国家的学者共同参与，通过数字图书馆的网络平台，他们可以更加便捷地进行信息交流、资源共享和协同工作。

此外，数字图书馆的建设也需要国际化的视野和合作。由于各个国家和地区的文化、历史、语言背景不同，数字图书馆的资源库中也会存在各种各样的文献和资料。通过国际化的合作，可以更好地将这些资源整合在一起，形成一个更加全面、多元化的知识库。同时，也可以借鉴和学习其他国家和地区数字图书馆建设的成功经验和技术手段，提高数字图书馆的建设水平和质量。

（四）安全性与稳定性

确保数字图书馆的安全与稳定是设计的重中之重。在构建数字图书馆时，数字图书馆相关人员需要关注多个方面，尤其是数据与系统的安全以及服务的稳定性与高可用性。

首先，保障数据与系统的安全是数字图书馆设计的首要任务。为了防止数据泄露和系统被攻击，数字图书馆相关人员需要采取一系列必要的安全措施。数据加密是一种有效的方法，可以通过对数据进行加密处理，确保数据在传输和存储过程中的机密性和完整性。访问控制也是必不可少的安全措施，可以限制读者对数字图书馆资源的访问权限，防止未经授权的访问和潜在的安全威胁。此外，防火墙可以监控网络流量，阻止未经授权的网络连接，从而保护数字图书馆的网络环境安全。

其次，确保服务的稳定与高可用性是数字图书馆设计的另一个重要目标。通过采用负载均衡技术，数字图书馆相关人员可以将大量的读者请求分散到多个服务器上，确保系统的稳定性和可扩展性。容错机制可以在某个服务器出现故障时，自动将请求转移到其他正常的服务器上，保证服务的连续性和可用性。此外，备份恢复技术可以确保在硬件故障或系统崩溃的情况下，数据不会丢失，服务也能快速恢复正常。

数字图书馆相关人员需要对数字图书馆的硬件和软件环境进行全面的安全审计和漏洞扫描，及时发现并修复潜在的安全风险和漏洞。同时，建立完善的安全管理制度和应急预案也是非常重要的，可以确保数字图书馆在面对各种安全威胁和突发情况时，能够迅速响应并采取有效的应对措施。

总之，在构建数字图书馆时，数字图书馆相关人员需要充分考虑其安

全与稳定性的需求，采取必要的安全措施和技术手段，确保数据与系统的安全以及服务的稳定与高可用性。只有这样，数字图书馆相关人员才能为读者提供一个安全、可靠、高效的数字图书馆服务。

（五）创新性与前瞻性

为了适应快速发展的信息技术和不断变化的读者需求，数字图书馆的设计必须具有创新性和前瞻性。这种创新性和前瞻性可以从以下几个方面来实现。

首先，引入新的信息技术和创新服务模式是至关重要的。随着人工智能、大数据、云计算等新技术的不断发展，数字图书馆可以借助这些技术手段提高服务的质量和效率。例如，通过人工智能技术，数字图书馆可以提供智能化的信息检索和推荐服务，根据读者的兴趣和需求提供个性化的阅读体验。同时，借助大数据技术，数字图书馆可以对海量的信息资源进行数据分析和挖掘，更好地了解读者的需求和行为，从而提供更加精准的服务。

其次，适应未来发展趋势与技术变革也是数字图书馆设计的关键。随着科技的不断发展，未来的技术变革将给数字图书馆带来新的挑战和机遇。因此，数字图书馆需要不断关注和学习未来技术的发展趋势，确保自己的设计与时俱进。例如，虚拟现实技术和增强现实技术的不断发展，将为数字图书馆提供新的服务模式和阅读体验，数字图书馆需要关注这些技术的发展，并思考如何将其应用到自己的服务中，为读者提供更加丰富、多样化的阅读体验。

此外，数字图书馆还需要关注读者的需求和反馈。读者是数字图书馆服务的核心，只有了解读者的需求和反馈，才能更好地改进服务。因此，数字图书馆需要积极收集读者的反馈和建议，及时调整自己的服务策略和方式，确保自己的服务能够满足读者的需求和期望。

三、案例分析与实践经验

以某大型数字图书馆为例，其采用了先进的系统架构和设计原则，成为行业的佼佼者。

（一）该数字图书馆的四层系统架构

1.基础设施层

在基础设施层用采了高性能的服务器、大容量存储设备和高速网络设备，确保了系统的稳定性和高效性。同时，选择了稳定的操作系统和数据库管理系统作为基础软件的支撑。

2.资源管理层

在资源管理层，该图书馆将大量的纸质资源进行了数字化处理，并采用了高效的存储管理技术，确保资源的快速访问和存储。同时，对元数据进行了标准化管理，使得资源在各个平台之间能够互操作和共享。

3.服务应用层

服务应用层提供了丰富的服务功能。例如，强大的检索系统，支持多字段、多条件的高级检索，提高了读者查找资源的效率；个性化服务系统根据读者的兴趣和历史行为为读者推荐相关资源，增强了读者的黏性；参考咨询系统则为读者提供了专业的参考咨询服务，满足了读者的学术需求。

4.读者接口层

读者接口层注重读者体验，设计了简洁、直观的网站界面，并提供了移动应用的支持，满足了读者在不同设备上的访问需求。

（二）成功实践中的设计原则与应用经验

该数字图书馆的成功实践得益于遵循了上述设计原则，具体表现如下。始终以读者为中心，不断了解读者的需求，优化服务流程和界面设计，

提高读者的满意度。同时，注重个性化服务，为读者提供定制化的资源推荐和推送，增加了读者的黏性。

注重系统的可扩展性和可维护性。采用了模块化和组件化的设计方式，方便了系统的升级和扩展。同时，遵循开放标准和协议，确保了系统的互操作性和可集成性。

在资源共享与合作方面，积极参与国际和国内图书馆合作，加入了多个图书馆联盟和合作组织，实现了资源的共享和互操作，丰富了自身的资源体系。

高度重视系统的安全性和稳定性。采用了多种安全措施，如数据加密、访问控制等，确保数据和系统的安全。同时，建立了完善的数据备份和恢复机制，确保了在意外情况下的数据可恢复性。

不断创新，引入新技术和创新服务模式。例如，利用大数据和人工智能技术，开发了智能推荐系统和知识图谱服务，为读者提供更加智能化和个性化的服务体验。

数字图书馆系统架构与设计原则在图书馆领域的数字化进程中扮演了至关重要的角色。包括基础设施层、资源管理层、服务应用层和读者接口层，以及设计原则，如读者为中心、可扩展性与可维护性、资源共享与合作、安全性与稳定性、创新性与前瞻性。这些设计原则确保了数字图书馆能够满足读者的需求，提供稳定、高效、安全的服务，同时适应不断变化的技术环境和读者需求。典型的数字图书馆案例展示了这些设计原则在实际应用中的价值。成功的实践证明了，遵循这些设计原则的数字图书馆能够在提供优质服务的同时，确保系统的稳定性、可扩展性和安全性。

（三）发展趋势与挑战

1. 技术驱动的服务升级

新技术如人工智能、大数据和云计算，将为数字图书馆带来更多的创新服务模式。图书馆需要持续跟进这些技术，评估其在图书馆服务中的应用潜力。

2. 读者行为的深入研究

随着数字时代的到来，读者的行为和习惯也在不断变化。深入研究这些变化，将有助于数字图书馆更加精准地为读者提供服务。

3. 数据安全与隐私保护

随着数字资源的增加，如何确保数据的安全和读者隐私的保护成为一大挑战。数字图书馆需要加强在这方面的措施，确保读者数据的安全。

4. 国际合作与资源共享

在全球化的背景下，加强国际合作，实现资源的共享和互操作，是数字图书馆的重要发展方向。

（四）应对策略与建议

1. 持续技术创新

关注并研究新技术的发展，积极评估其在数字图书馆中的应用价值，推动技术创新和服务升级。

2. 以读者为中心的服务设计

深入了解读者的需求和行为，据此设计和优化服务，提高读者的满意度和黏性。

3. 强化数据安全保护

建立完善的数据安全机制，采用先进的数据加密和访问控制技术，确保数据和系统的安全。同时，加强读者隐私保护，明确数据使用和处理的规范。

4. 加强国际合作与交流

积极参与国际图书馆合作和交流活动，推动资源的共享和互操作，共同构建全球数字图书馆网络。

第二节　数字资源管理与检索技术

数字资源在信息时代中已变得至关重要。它们不仅提供了全球化的访问，突破了地理限制，促进了知识的传播和共享，还以其多样性满足了读者多样化的信息需求。数字资源易于保存和复制，确保了信息的持久性和广泛传播，同时其高度的互动性也增强了读者的学习和研究体验。随着数字化时代的到来，数字资源已成为社会进步、学术发展的重要驱动力。为了更好地利用这些资源，数字资源管理与检索技术应运而生，它们在确保数字资源的高效利用、提升读者体验和促进学术交流等方面都具有不可替代的意义。

数字资源管理与检索技术的意义体现在以下几个方面。

第一，通过高效的管理手段，可以整合、分类、标引大量的数字资源，确保它们得到充分的利用，从而提升整体资源价值。

第二，先进的检索技术能迅速响应读者查询，快速定位到读者所需的数字资源，极大提升了读者满意度和使用体验。

第三，规范化的数字资源管理在学术研究领域促进了学术交流与合作，通过确保学术资源的标准化和互操作性，提供了更加便捷的合作与交流平台，进一步推动了学术进步。

为了实现上述意义，数字资源管理与检索技术也明确了其主要目的，旨在通过高效的文件存储系统和数据库技术，确保大量数字资源的安全存储和快速访问，满足读者在任何时间、任何地点的资源需求。同时，利用元数据、关联数据等技术手段优化资源组织，构建资源间的关系网络，提升资源的互操作性和可重用性。此外，通过先进的检索算法和语义检索技术，确保检索的准确性和完整性，提高检索效率，最终推动技术创新与发展，适应不断进步的技术和读者需求的变化，为数字资源管理带来更多的可能性和发展机遇。

一、数字资源管理

（一）数字资源的类型与格式

数字资源的类型广泛，包括了文本、图像、音频、视频等。这些类型满足了人们在信息获取、娱乐、学术研究等多方面的需求。

1. 文本

从简单的文本文档到复杂的电子书、研究报告，文本资源是数字资源中最基础且最重要的一部分。

2. 图像

包括照片、图表、绘图等，它们提供了直观的图像信息。

3. 音频

如音乐、播客、录音等，它们提供了听觉上的享受和信息传递。

4. 视频

从电影、电视节目到短视频、直播流等，视频资源是现今数字时代中消耗最大的资源之一。

每一种类型的数字资源，都有其特定的文件格式。例如，文本可能有txt、docx 等格式；图像可能有 jpg、png 等格式；音频可能有 mp3、wav 等格式；视频可能有 mp4、avi 等格式。这些格式决定了资源的编码方式、压缩方法以及使用方法。

（二）数字资源的存储技术

随着数字资源的数量急剧增加，如何有效地存储这些资源成为一个重要问题。数字资源的存储不仅需要足够的空间，还需要考虑如何有效地管理和访问这些资源。数字资源的存储技术主要包括以下方面。

1. 大容量存储设备与技术

大容量存储设备有硬盘驱动器、固态硬盘等。它们提供了大量的存储空间，可以满足大量的数字资源存储需求。这些设备可以通过连接电脑或其他设备实现数据的存储和读取。随着技术的不断发展，大容量存储设备的价格逐渐降低，体积也逐渐减小，更加方便携带和移动。

2. 云存储解决方案

通过云计算技术，数字资源可以被存储在远程的数据中心，读者随时随地通过网络访问这些资源，无须担心本地存储空间不足的问题。云存储具有许多优点，例如可扩展性高、存储空间大、易于共享等。同时，云存储还可以提供数据备份和恢复功能，确保数据的安全性和完整性。

在选择数字资源的存储方案时，需要考虑多个因素，例如存储容量、数据安全性、访问速度等。对个人读者和企业读者来说，选择适合自己的存储方案是非常重要的。随着技术的不断发展，未来的数字资源存储将会更加高效、安全和便捷。

（三）数字资源的组织与标引

1. 元数据标准与应用

元数据是数据的数据，它描述了其他数据，为数字资源提供了丰富的背景信息和语境。没有元数据，数字图书馆相关人员可能会对数字资源感到困惑，甚至无法理解其含义。通过为数字资源添加元数据，数字图书馆相关人员可以更好地对其进行描述、分类和检索。以图片为例，元数据可以包括拍摄日期、地点、摄影师等信息。这些信息为图片提供了背景和上下文，帮助数字图书馆相关人员更好地理解图片的内容和意义。元数据的应用广泛，可以用于数字图书馆、搜索引擎、社交媒体等领域。在数字图书馆中，元数据可以帮助图书馆员分类和检索图书，使读者能够快速找到他们需要的。在搜索引擎中，元数据可以帮助搜索引擎理解网页的内容，提高搜索的准确性和效率。在社交媒体中，元数据可以用于分析读者的兴趣和行为，据此提供更加个性化的推荐和服务。

2. 资源之间的关联与链接

除了元数据，数字资源之间的关联和链接也是非常重要的。通过超链接等技术，数字图书馆相关人员可以建立数字资源之间的关系网络，使读者在浏览或使用资源时能轻松跳转到相关资源。例如，在网页中，超链接可以链接到其他网页或网站。通过点击超链接，读者可以轻松地跳转到相关网页，获取更多的信息和资源。在数字图书馆中，超链接可以将图书、期刊、论文等资源相互连接起来，使读者轻松浏览和获取相关的学术资料。除了超链接，还可以通过其他技术建立数字资源之间的关系。例如，在社交媒体通过关注、点赞、评论等行为建立读者之间的关系网络，让读者发现更多有趣的人和话题，与其他读者互动和交流。

（四）数字资源的长期保存与维护

1. 数字资源的保存策略与方法

首先，选择合适的存储介质是保存数字资源的首要任务。目前，云存储和硬盘存储是两种主流的存储方式。云存储具有高容量、易共享、可远程访问等优点，但同时也存在一定的安全风险。而硬盘存储则具有速度快、价格实惠、安全性高等优点，但需要占用一定的物理空间。因此，在选择存储介质时，数字图书馆相关人员需要根据自身的需求和实际情况进行权衡。

其次，备份策略也是数字资源保存的重要环节。定时备份和增量备份是两种常见的备份方式。定时备份可以确保数据在固定的时间点备份，以防止意外情况导致的数据丢失。而增量备份则可以只备份自上次备份以来发生变化的文件，从而节省备份时间和存储空间。在实际应用中，数字图书馆相关人员可以根据不同的需求选择不同的备份方式。

最后，迁移计划也是数字资源保存需要考虑的问题。随着技术的不断发展，新的存储技术和格式也不断涌现。因此，数字图书馆相关人员需要

制订一份详细的迁移计划，以确保数字资源能够在不同的存储介质和格式之间进行转换和迁移，从而保证数字资源的长期可用性。

2. 格式迁移与仿真技术

格式迁移技术，是一种将数字资源从一种格式转换为另一种格式的方法。通过格式迁移技术，数字图书馆相关人员可以将旧的数字资源转换为新的、更通用的格式，从而使其能够在不同的软件和设备上被访问和使用。例如，将 MP3 格式的音乐文件转换为 AAC 格式，将 MOV 格式的视频文件转换为 MP4 格式，等等。这些转换可以确保数字资源的长期可用性，并使其在不同的软件和设备之间更好地兼容。

仿真技术，可以模拟旧的环境或软件，确保在原始条件下访问这些旧的资源。通过仿真技术，数字图书馆相关人员可以模拟旧的操作系统、软件环境等，从而使旧的数字资源能够在新的环境下被正确地访问和使用。例如，一些早期的游戏软件可能只能在古老的操作系统上运行，而通过仿真技术，数字图书馆相关人员可以使其在现代的操作系统上被正确地运行和使用。

二、数字资源检索技术

（一）信息检索基础

信息检索关乎如何从海量的数字资源中准确、快速地找到读者所需的信息，在数字资源管理中占据了核心地位。在信息检索的实践过程中，为了提高检索效率，通常会基于特定的模型和原理来进行。这些模型，如布尔模型、概率模型等，为信息检索提供了坚实的理论基础，确保了检索结果的准确性和有效性。

布尔模型是最早的信息检索模型之一，通过简单的逻辑运算来处理查询和文档之间的关系。布尔模型的最大特点，是其严格匹配的策略，即只有在查询关键词在文档中以精确的方式匹配时，才会将该文档视为相关文档。这种严格匹配的策略在一定程度上限制了检索的灵活性，但在处理精确查询时，是一种非常有效的工具。

概率模型则基于概率论原理，对文档和查询之间的相关性进行概率计算。与布尔模型不同，概率模型考虑了文本中单词的频率、上下文信息以及词义等更多因素。这种模型可以更准确地反映读者的查询意图，特别是在处理自然语言查询时具有更大的优势。

此外，还有许多其他的信息检索模型和算法，如基于内容的模型、协同过滤模型等。这些模型各有优缺点，适用于不同的应用场景，大大缩短了响应时间。一些系统还通过优化数据结构和算法来提高查询速度。

信息检索是一个不断发展和完善的领域。随着技术的进步和应用需求的增长，信息检索的效率和准确性将不断提高。同时，随着自然语言处理、语义理解和人工智能等技术的不断发展，未来的信息检索系统将更加智能化、个性化和服务化。

（二）基于关键词的检索

基于关键词的检索是信息检索中最常用的方法之一。读者只需要输入一个或多个关键词，系统就会返回与关键词相关的资源。这种检索方式简单直观，易于使用，因此在各种场合中都有广泛的应用。在基于关键词的检索中，布尔模型和向量空间模型是两种重要的检索模型。

布尔模型通过逻辑运算符（AND、OR、NOT）来组合关键词，从而实现精确的检索。比如，读者输入的关键词是"计算机"，布尔模型就会返回所有包含"计算机"这个词的文档。但是，如果读者输入的关键词是一个短语，比如"计算机辅助设计"，那么布尔模型就只会返回包含完整短语"计算机辅助设计"的文档，而不会返回包含部分关键词的文档。

向量空间模型将文档和查询表示为向量，通过计算向量之间的相似性来找到相关文档。这种模型可以更好地处理关键词之间的语义关系，因此

对于一些复杂的查询，比如包含多个关键词或者短语的查询，可以取得更好的效果。但是，向量空间模型需要大量的计算资源，因此对于大规模的文档集合，可能会遇到性能问题。

为了提高基于关键词检索的效果，通常会对关键词进行预处理。预处理包括很多技术，比如去除停用词、词干提取、同义词扩展等。去除停用词，可减少无关紧要的词对检索结果的影响；词干提取，可提取关键词的基本形式，从而增加关键词的覆盖面；同义词扩展，可扩大关键词的语义范围，从而提高检索结果的准确率。

当然，除了预处理，还有很多其他的技术可以用于提高基于关键词检索的效果。比如，使用自然语言处理技术对文档进行分词和词性标注，从而更好地理解文档的内容；使用语言模型对文档进行语义建模，从而更好地理解文档的语义结构；使用深度学习技术对文档进行特征提取和分类，从而更好地识别出相关文档；等等。

另外，基于关键词的检索还可以结合其他类型的检索方式。比如，在基于内容的检索中，可以利用文本特征（如词频、词长、句式等）来评价文档的相关性；在基于链接的检索中，可以利用链接结构（如链接数量、链接质量等）来评价文档的相关性。这些方法都可以提高基于关键词检索的准确率和召回率。

基于关键词的检索是一种简单直观的检索方式，在信息检索中有着广泛的应用。为了提高检索效果，需要对关键词进行预处理并采用多种技术来增强检索系统的召回率和精确性。同时，还可以结合其他类型的检索方式来进一步提高检索效果。

（三）基于元数据的检索

元数据是数字资源的生命力所在，它为数字资源提供了丰富的描述信息，使得数字图书馆相关人员能够更精确地定位和查找所需的资源。在信息爆炸的时代，要高效地获取和利用数字资源，就必须管理好元数据。首先，元数据能够显著提高信息检索的准确性和效率。读者可以利用元数据中的信息，如作者、日期、主题等，快速定位到所需资源，避免在海量数据中迷失。通过元数据的精细描述，读者可以更加精确地过滤和定位到自己的需求，提高检索效率。其次，元数据还支持基于内容的浏览和过滤。除了基于关键词的检索，读者还可以通过元数据浏览方式来查找资源。例如，读者可以通过浏览某一作者的所有作品，或者按照某一主题下的所有资源进行查找，这种方式在某些情况下比基于关键词的检索更为有效。此外，元数据还为资源的评价和选择提供了依据。通过对元数据的分析，读者可以了解某一资源的整体评价情况，从而在选择资源时做出更加明智的决策。同时，元数据还可以反映资源的流行度和影响力，为资源的获取和使用提供参考。

为了充分发挥元数据的作用，数字图书馆相关人员需要不断优化和完善元数据的采集、管理和利用。通过加强元数据的质量控制，确保其准确性和完整性；通过开发和应用先进的元数据检索技术，提高检索效率和精度；通过推广元数据的应用，提高数字资源的管理水平和利用效率。

（四）高级检索技术

随着信息技术的迅速发展，数字资源已经成为人们获取信息的主要渠道之一。为了满足读者对信息获取的效率和准确性需求，数字资源检索技术也在不断进步。一些高级的技术和方法被引入数字资源检索，以提升检索的效率和准确性。

1. 自然语言处理技术

自然语言处理技术可以解析和理解读者的查询语句，从而更准确地获取读者的检索意图，返回更为相关的结果。例如，通过词义消歧和词性标注等技术，纠正读者的查询语句中的错误，从而提高检索的准确性。同时，自然语言处理技术还可以对文本进行情感分析，帮助读者更好地理解文本的情感色彩，提高信息获取的效率。

2. 语义检索和知识图谱

语义检索不仅仅考虑关键词的匹配，还考虑语义上的关联。知识图谱作为一种语义网络，可以提供实体之间的关系和上下文信息，帮助实现更为精准的语义检索。通过知识图谱，系统可以更好地理解读者的查询意图，从而返回更为相关的结果。例如，在医疗领域，利用知识图谱可以对医学文献进行深度挖掘，帮助医生更好地了解疾病的发生和发展机制，提高诊断的准确性和效率。

3. 跨库检索和资源整合

通过跨库检索和资源整合技术，系统可以实现对多个数据库或资源集合的统一管理和调度，从而为读者提供更为便捷和高效的数字资源服务。例如，在图书馆领域，跨库检索和资源整合技术可以帮助读者快速查找和获取所需的文献资源，提高图书馆的服务质量和读者满意度。

（五）分布式检索技术

随着分布式技术的不断发展，分布式检索技术逐渐成为解决检索效率和扩展性的关键。分布式检索技术利用分布式架构，将检索任务分散到多个节点并行处理，从而大大提高了检索速度和系统的可扩展性。这种技术的出现，使得数字图书馆相关人员能够更好地应对海量的数字资源，满足读者对信息获取速度和准确性的需求。在分布式检索技术中，每个节点都可以独立处理一部分数据，多个节点可以协同工作，通过通信协议将结果汇总起来，最终得到完整的检索结果。这种分布式架构的设计，使得系统可以高效地处理大规模的数据，并且可以随着节点的增加而进一步提高性能。

相比传统的集中式检索技术，分布式检索技术具有明显的优势。首先，它可以提高检索效率，通过并行处理多个节点，使得检索任务可以在更短的时间内完成。其次，它可以提高系统的可扩展性，通过增加节点数量，系统可以处理更大规模的数据，满足读者对信息获取的需求。最后，它可以提高系统的可靠性，通过多个节点协同工作，即使部分节点发生故障，系统也能保持正常运行。

分布式检索技术已经被广泛应用于各种领域。搜索引擎就是分布式检索技术的典型应用之一。搜索引擎需要处理海量的网页数据，并为读者提供准确的搜索结果。通过采用分布式检索技术，搜索引擎可以快速地处理大量查询请求，并为读者提供高质量的搜索体验。此外，分布式检索技术也被应用于数据库系统、数据挖掘、信息检索等领域。

三、读者交互与检索界面设计

（一）读者查询行为分析

想要设计有效的数字资源检索界面，首先要理解读者的查询行为。读者的查询行为是反映其信息需求和意图的重要表现，而这些需求和意图又直接影响着检索界面的设计。因此，对读者查询行为进行分析，是设计优化检索界面的关键环节。读者查询行为分析主要涉及以下方面。

第一，数字图书馆相关人员需要研究读者在检索过程中如何与系统进行交互。这包括他们输入的查询词、使用的查询策略，以及他们在结果页面上的浏览和选择行为等。这些行为的背后，反映了读者对信息的需求、对系统的信任程度，以及对查询结果的评价。例如，读者可能会使用关键词进行查询，而这些关键词可能与数字图书馆相关人员所设定的领域知识不完全吻合。此时，数字图书馆相关人员需要对这些关键词进行语义分析，以了解读者的真实需求，并尝试将这些关键词与数字图书馆相关人员的领域知识进行匹配。同时，数字图书馆相关人员还需要对读者的查询行为进行跟踪和分析，以了解哪些查询词是读者经常使用的，哪些是读者不常使用的，从而对检索界面的设计进行调整和优化。

第二，数字图书馆相关人员需要分析读者的查询频率和时机。读者的

查询频率可以直接反映其信息需求的频率，而查询时机则可以反映读者对信息的需求是否具有时效性。例如，读者的查询频率在某个时间段内明显增加，可能意味着读者在这个时间段内对信息的需求更为强烈。此时，数字图书馆相关人员需要对检索界面的设计和响应速度进行优化，以满足读者的即时需求。

第三，数字图书馆相关人员还需要分析读者在结果页面上的行为。读者在结果页面上的行为包括读者对结果的评价、浏览方式、选择习惯等。这些行为可以直接反映读者对检索结果的满意度和期望。通过对这些行为的深入分析，数字图书馆相关人员可以了解读者的需求和期望，从而对检索界面的设计进行调整和优化。

（二）检索界面设计原则

在信息爆炸的时代，高效的搜索引擎是人们获取信息的重要工具。为了使读者能够快速、准确地找到所需信息，搜索引擎的检索界面需要具备以下设计要点。

第一，简洁明了是检索界面设计中最为重要的原则之一。读者在使用搜索引擎时，往往希望快速找到所需信息，而不是被复杂的界面设计所干扰。因此，检索界面应该尽可能简洁、清晰，避免过多的复杂设计和功能。设计师应该将读者的需求放在首位，以简洁的布局和易于理解的操作方式来设计界面，使读者能够快速理解并操作。

第二，读者友好也是检索界面设计中不可或缺的原则。为了使读者能够轻松地使用搜索引擎，界面设计应该符合读者的习惯和预期。这包括使用常见的图标和标签，以及提供明确的提示和帮助。设计师应该从读者的角度出发，考虑到他们的需求和期望，从而设计出符合读者期望的检索界面。

第三，响应性也是检索界面设计中至关重要的原则。读者在使用搜索引擎时，希望能够得到及时的反馈和响应。因此，界面应该快速响应读者的输入和操作，确保流畅的读者体验。设计师应该优化界面设计和代码，提高响应速度和效率，使读者能够享受到无延迟的搜索体验。

第四，适应性也是检索界面设计中需要考虑的原则。由于不同的设备和屏幕尺寸各不相同，为了确保搜索引擎在各种环境下都能正常工作，界面设计应该具备适应性。设计师应该根据不同的设备和屏幕尺寸，调整界面布局和元素大小，以适应各种环境下的使用需求。同时，设计师还应该考虑到不同网络环境和使用场景下的读者需求和体验，从而设计出更加全面的检索界面。

（三）查询建议与自动完成技术

在信息爆炸时代，快速准确地找到所需信息尤为重要。因此，查询建议和自动完成技术成为检索界面中不可或缺的功能。

查询建议是一种智能化的辅助功能，它基于读者的输入和历史查询数据，为读者的查询提供相关的建议。这些建议可以帮助读者更快地找到所需要的信息，提高查询效率。例如，当读者在搜索引擎中输入一个关键词时，系统会根据该关键词和历史查询数据，推荐一些与该关键词相关的查询建议。这些建议可能包括相关的关键词、问题或短语。读者可以根据这些建议调整自己的查询，从而更快地找到所需信息。

自动完成则是另一种实用的功能，它可以在读者输入查询词时，预测并显示可能的查询词。这个功能可以节省读者的输入时间，提高查询的准确性。例如，当读者在搜索引擎中输入一个关键词时，系统会根据该关键词的语义和上下文，自动完成该关键词的输入。这可以避免因拼写错误或不完全输入关键词而导致的查询不准确。

（四）检索结果的可视化与交互设计

检索结果的展示方式对于读者体验来说是至关重要的。当读者在搜索引擎或信息检索系统中寻找信息时，他们希望找到准确、相关且有用的结

果。因此，结果的展示方式需要经过精心设计，以帮助读者快速浏览并定位到他们所需的信息。

第一，为每个检索结果提供简短的摘要或预览是十分有用的。这让读者无须完全打开或阅读整个页面，就能快速了解结果的内容。例如，在搜索引擎的搜索结果中，通常会为每个结果提供标题、描述和链接，读者可以通过这些信息快速判断是否需要进一步了解或打开该页面。

第二，分页功能和多种排序选项也是很重要的。当大量结果出现时，分页可以让读者在不同的页面之间导航，帮助他们组织和浏览结果。同时，多种排序选项，如按日期、相关性等，可以满足读者不同的浏览需求。例如，读者可能希望首先查看与他们搜索主题最相关的结果，或者按日期从最新到最旧查看结果。

第三，允许读者根据元数据或其他标准对结果进行筛选是十分有用的。这使读者可以进一步精确定位他们所需的信息。例如，读者可能只对特定类型的内容感兴趣，如新闻、博客文章或产品评论等。通过筛选功能，他们可以快速浏览和定位到相关内容。

第四，交互反馈是改善读者体验的重要因素。除了结果的展示，系统的反馈和交互方式也会影响读者的体验。例如，当读者将鼠标悬停在结果上时，系统可以提供预览或额外的信息，使读者更容易理解该结果的背景和内容。此外，当读者点击一个结果时，系统可以提供即时的反馈，如打开页面或显示更多的相关信息。

四、数字资源管理与检索技术的应用与挑战

(一)典型系统与应用案例介绍

数字资源管理与检索技术已被广泛应用于多个领域，以下是一些典型系统与应用案例。

1. 图书馆管理系统

如图书馆的图书检索系统。通过关键词、作者、出版日期等元数据，读者可以轻松找到所需的图书。这是一个基于元数据的数字资源检索的典型应用。

2. 学术搜索引擎

如 Google Scholar、CNKI 等。它们索引了海量的学术文献，为读者提供学术资源的快速检索服务，背后依赖的是复杂的检索算法和语义分析技术。

3. 多媒体资源管理系统

在音频、视频、图片等多媒体资源的管理中，通过基于内容的检索技术，可以实现相似图片搜索、音乐推荐等功能。

（二）面临的挑战与发展趋势

1. 数据隐私与安全问题

随着数字资源的增多，如何确保读者隐私和数据安全成为一个重要的问题。一方面，需要保护读者查询的隐私，防止读者数据被滥用；另一方面，要确保数字资源不被非法获取和篡改。

2. 大数据与实时检索的挑战

随着大数据时代的到来，数字资源的规模日益庞大，如何实现大数据的高效索引和实时检索是一个巨大的技术挑战。传统的检索方法往往无法满足实时性的要求，需要研发更为高效和快速的检索算法和技术。

3. 多模态数字资源的检索与管理

文本、图像、音频、视频等多模态数字资源的管理与检索是当前的一个研究热点。如何有效地融合不同模态的信息，实现跨模态检索，是数字资源管理与检索技术未来发展的重要方向。

（三）策略和建议

第一，加强数据隐私保护。通过采用差分隐私、加密技术等手段，确

保读者数据和隐私不被侵犯。

第二，研发高效检索算法。针对大数据和实时检索的需求，研发更为高效和快速的检索算法，如分布式检索、倒排索引等。

第三，推动跨模态检索技术发展。利用深度学习、多模态融合等技术，推动跨模态数字资源的检索与管理技术的发展和应用。

第三节　数字图书馆的信息安全与隐私保护

一、数字图书馆的信息安全

（一）数字资源的存储安全

1.存储设备的物理安全

数字图书馆应选择安全的数据中心，确保存储设备位于受保护的区域，防止未经授权的物理访问。此外，应实施监控和报警系统，以侦测和应对任何异常访问。

2.数据备份与恢复策略

为了防止数据丢失，应定期备份数字资源，并保备份数据存储在安全的位置。同时，需要制订和执行灾难恢复计划，以便在发生故障或灾难时迅速恢复数据和服务。

（二）数字资源的传输安全

1.加密技术的应用

使用强大的加密算法对传输中的数据进行加密，确保数据在传输过程中不被窃取或篡改。SSL/TLS 等加密技术可以为数字图书馆提供安全的数据传输通道。

2. 安全传输协议

采用 HTTPS 等安全传输协议，确保读者与数字图书馆之间的通信是加密和安全的。这可以防止中间人攻击和数据嗅探。

（三）数字资源的访问控制

1. 身份认证与授权

实施强大的身份认证机制，如多因素认证，确保只有授权读者才能访问数字资源。同时，根据读者的角色和权限，实施细粒度访问控制，确保读者只能访问其被授权的资源。

2. 防止未经授权的访问

通过监控和日志记录读者的活动，及时检测和应对任何未经授权的访问尝试。采用会话管理和超时机制，降低会话劫持的风险。

（四）防范网络攻击

1. 防火墙与入侵检测系统

部署强大的防火墙来阻止恶意流量和未经授权的访问。同时，采用入侵检测系统（IDS）实时监控网络流量，检测并应对潜在的网络攻击。

2. 应对常见网络攻击的策略

制定和实施应对常见网络攻击（如攻击、SQL 注入、跨站脚本等）的策略和程序。保持与安全社区和行业机构的联系，及时了解新出现的威胁和攻击手段，并采取相应的防护措施。

二、数字图书馆的隐私保护

（一）读者隐私数据的定义与分类

在数字图书馆中，读者隐私数据是指与读者个人身份、行为、偏好等

相关的敏感信息。这些数据可分为个人身份信息（如姓名、邮箱、电话号码等）、读者行为数据（如搜索历史、浏览记录等）和其他敏感数据（如地理位置、IP 地址等）。

（二）匿名化与去标识化技术

1. 读者数据的匿名化处理

匿名化技术旨在去除或替换数据中的直接标识符，使得数据无法直接关联到特定个人。在数字图书馆中，通过对读者数据进行匿名化处理，可以在保护读者隐私的同时保留数据的价值和可用性。

2. 防止读者被再识别的方法

去标识化技术是一种更高级的数据处理技术，它通过在数据集中删除或加密间接标识符，增加再识别的难度。此外，还可以采用差分隐私技术，通过添加一定的噪声，确保在大量数据中无法精确识别出个体。

（三）数据最小化原则

1. 只收集必要的读者数据

数字图书馆应遵循数据最小化原则，即仅收集实现特定功能所必需的最少数据。这有助于降低数据泄露的风险。

2. 定期删除或匿名化不再需要的数据

对于已经不再需要的读者数据，数字图书馆应及时进行删除或匿名化处理。这不仅可以减少数据存储成本，还有助于保护读者隐私，确保数据不被滥用。

（四）读者控制与权益

1. 提供读者隐私设置选项

数字图书馆应为读者提供清晰、易用的隐私设置选项，使读者能够自主决定哪些数据可以被收集和使用，以及这些数据的使用目的。

2.读者访问、更正和删除本人数据的权利

读者应享有对其个人数据的完全控制权。数字图书馆应确保读者能够随时查看、修改或删除自己的个人数据，以个人隐私权数据安全。在现代数字化社会，隐私保护成为一个不可忽视的议题。对于数字图书馆而言，保护好读者的隐私数据不仅是法律合规的要求，更是维护读者信任、确保长期稳健发展的关键。因此，采用上述的隐私保护策略和技术手段是必要的，只有这样，数字图书馆才能在确保信息安全的同时，为读者提供更加人性化、更加可靠的服务。

三、当前使用的技术工具与方法

（一）技术工具

1.加密工具

如 AES、RSA 等加密算法被广泛用于数据的加密存储和传输，确保数据在传输过程中的安全性。

2.防火墙与 IDS/IPS

用于监控和过滤网络流量，防止恶意攻击和未经授权的访问。

3.数据脱敏与匿名化工具

这些工具能够对数据进行脱敏处理，即在不改变数据特征和业务规则的前提下，对数据进行变形、遮盖等操作，以保护敏感数据。

4.访问控制和身份认证系统

如 LDAP、OAuth 等，用于控制读者对资源的访问，确保只有授权读者才能访问特定资源。

（二）未来技术发展趋势与挑战

1.量子计算对加密的挑战

随着量子计算的快速发展，传统的加密算法可能面临被破解的风险。

量子计算机的强大计算能力有可能破解目前使用的加密算法，这对数字图书馆的信息安全构成威胁。因此，研究和应用抗量子计算的加密算法是未来重要的发展趋势。

2. 人工智能技术在隐私保护中的应用

人工智能技术的发展为隐私保护提供了新的可能性。通过机器学习和深度学习技术，可以更有效地检测和防止数据泄露，增强数据匿名化的效果。人工智能还可以用于分析读者行为，提供更个性化的隐私设置建议。但同时，人工智能技术的发展也带来了新的隐私挑战，如模型逆向工程可能导致读者隐私泄露。

此外，法规合规性也是一个重要挑战。随着全球隐私法规的不断加强，如欧洲的 GDPR、美国的 CCPA 等，数字图书馆需要关注并适应这些法规，确保其技术工具和方法符合法规要求。

（三）应对策略与建议

1. 持续更新技术防御手段

随着技术的进步，数字图书馆必须时刻保持警惕，采用最新的加密技术、安全策略，确保技术防御始终处于行业前沿。

2. 强化内部管理与外部合作

定期为员工提供安全意识培训，增强内部防线；同时，与外部安全机构保持紧密合作，共同研究和应对新的安全威胁。

3. 读者教育与透明运营

教育读者如何更安全地使用数字图书馆，增强读者的安全意识；同时，保持数据处理的透明度，让读者明确知道自己的数据是如何被使用和保护的。

4. 隐私工具与技术的研发应用

继续加大在匿名化、去标识化等隐私保护技术上的研发力度，确保读者数据在收集、处理、存储、传输等各个环节都能得到充分保护。

第三章　数字资源获取与采集

第一节　数字化文献资源的获取与建设

一、数字化文献资源的获取

(一)获取途径

购买商业化的数字资源数据库和从开源数字资源库获取，是获取数字化文献资源的两种主要途径。而通过合作与交换获取资源的方式，则更体现了数字图书馆之间的互动与共享。

购买商业化的数字资源数据库是获取数字化文献资源的主要途径之一。这些数据库由专业的出版商或数据提供商开发和维护，包含了大量的学术期刊、论文、报告、图书等各类文献资源。由于都是被专业人士筛选、组织和维护的，这些资源质量相对较高，能满足不同领域和学科的需求。通过购买这些数据库，数字图书馆可以快速获得丰富且高质量的数字化文献资源，提供给读者使用和研究。

开源数字资源库是另一种获取数字化文献资源的途径。这些资源库由学术机构、图书馆、研究机构等提供，以开放获取为原则，允许读者免费获取和使用其中的文献资源。这些资源库通常包含多种学科的文献，并且具备良好的互操作性和开放性，为数字化文献资源的获取提供了更广泛的选择。同时，开源数字资源库的开放性和共享性也促进了学术交流和知识共享，推动了学术界的发展。

　　除了以上两种途径，数字图书馆还可以通过与其他机构进行合作与交换来获取数字化文献资源。这种方式可以促进馆与馆之间的资源共享，提高资源的利用效率和互补性。合作与交换的形式多样，包括联合采购、资源共享协议、馆际互借等，为数字化文献资源的获取提供了灵活性和扩展性。同时，合作与交换也有助于数字图书馆之间的交流和合作，促进学术界的共同发展。

　　在获取数字化文献资源的过程中，每种途径都有其优缺点。购买商业化的数字资源数据库可以快速获得丰富且高质量的资源，但需要付出一定的费用；从开源数字资源库获取资源则无须付费，但需要自行筛选和管理；通过合作与交换获取资源则可以扩大资源的获取范围和提高利用效率，但需要与其他机构进行协调和管理。因此，数字图书馆需要根据自身的需求和实际情况选择适合自己的途径来获取数字化文献资源。同时，也需要加强对数字化文献资源的建设和管理，提高资源的可用性和持续性。

（二）获取中的关键问题

　　在数字化日益普及的今天，数字图书馆已经成为人们获取文献资源的重要途径。然而，随着数字化文献资源的获取和利用，版权与知识产权问题逐渐凸显。在数字图书馆的建设与发展过程中，版权和知识产权问题始终是一个核心问题。

　　首先，数字图书馆需要遵守版权法规，尊重原作者和出版机构的权益。在获取和使用数字化文献资源时，必须合法合规，避免侵权和违法行为的发生。这不仅涉及道德层面的问题，更关系到数字图书馆的可持续发展。因此，数字图书馆需要与版权所有人建立良好的合作关系，取得合法授权，确保资源的获取和使用符合版权法规。

　　其次，数据格式与兼容性问题也是数字图书馆面临的重要挑战。不同来源的数字化文献资源可能采用不同的数据格式和元数据标准，这会导致资源不兼容问题。为了解决这一问题，数字图书馆需要关注数据格式转换和元数据标准的统一。通过采用先进的技术手段和工具，将不同来源的资源进行整合和统一管理，确保不同来源的资源能够在同一平台上进行统一的展示和管理。这样不仅可以提高资源的利用率，还可以为读者带来更加便捷的检索和使用体验。

最后，获取数字化文献资源后，资源的质量和评价也是一个重要问题。数字图书馆需要建立有效的质量评价和控制机制，对获取的资源进行质量检查和评估。这包括资源的准确性、完整性、时效性等方面的考量，以确保提供的数字化文献资源的质量和可靠性。

同时，读者反馈和评价也是改进和优化资源获取策略的重要依据。通过收集读者反馈和评价，可以了解读者对资源的满意度和需求，从而及时调整和优化资源获取策略，提高数字图书馆的服务质量和水平。

在数字化文献资源的获取过程中，版权与知识产权问题、数据格式与兼容性问题以及资源质量与评价问题都是数字图书馆必须面对的重要问题。只有妥善解决这些问题，才能确保数字图书馆的可持续发展和服务质量的提高。同时，也需要社会各界的共同努力和支持，共同推动数字图书馆事业的发展和完善。

二、数字化文献资源的建设

（一）资源数字化

1. 纸质文献的数字化转换

在数字图书馆时代，信息技术的迅速发展和广泛应用，使得数字图书馆相关人员有机会将传统的纸质文献转换为数字形式，从而大大提高其可访问性和利用效率。这个过程涉及的主要技术手段包括扫描和识别。

扫描设备，如高精度的扫描仪，可以将纸质文献转化为数字图像。这些设备通常会使用先进的光学技术和机械技术，对文献进行高分辨率的扫

描，从而捕捉到文献的每一个细节，包括其颜色、形状、大小等。这样，数字图书馆相关人员就可以将纸质文献转化为数字图像，为后续的检索、编辑、存储等操作提供了可能。

然而，仅仅是数字图像还不能满足数字图书馆相关人员的需求。数字图书馆相关人员还需要将这些图像中的文本提取出来，转化为可编辑和检索的数字文本。这个过程就需要识别软件的帮助。识别软件可以通过对数字图像的分析和处理，将图像中的文本转化为计算机可识别的文字。

借助扫描设备和识别技术，数字图书馆相关人员不仅可以获取到纸质文献的文字信息，还可以对这些信息进行编辑、复制、粘贴等操作，大大提高了文献的使用效率和可访问性，还可以保护原始文献，避免因频繁使用以致磨损和损坏，使这些文献得到更广泛、更深入的使用。同时，这也为数字图书馆相关人员的学术研究提供了更多的可能性，使数字图书馆相关人员可以更方便、更快捷地获取所需的信息。

2. 音像资料的数字化处理

与纸质文献的数字化转换类似，音像资料的数字化处理也是一个重要的过程。它通过采样、量化、编码等技术手段，将模拟信号的音像资料转化为数字信号。这让音像资料得以长期保存，也方便读者检索和使用。

在数字化处理过程中，保持原始资料的完整性和真实性是非常重要的。这意味着数字图书馆相关人员必须在处理过程中避免任何可能改变资料本质的操作。例如，数字图书馆相关人员不能过度压缩数字化后的音像资料，以免影响其音质和画质。同时，数字图书馆相关人员还需要选择合适的压缩和存储格式，以确保数字化后的音像资料既能节省存储空间，又能保持良好的音质和画质。

此外，数字化处理也可以使音像资料的编辑、复制、传播等操作更加方便快捷。例如，数字图书馆相关人员可以将数字化的音像资料上传到网络上，让更多的人随时访问和使用这些资料。

（二）元数据与标引分类

在数字化文献资源建设的过程中，元数据和文献标引分类扮演着核心角色。

元数据是一种描述性信息，它详细阐述了文献的基本属性、内容摘要以及关联关系等关键信息，为文献的特征、上下文关系和管理要求提供了全面的描述。它的定义需要根据具体的文献类型和实际需求进行制定。例如，对于科学论文，元数据可能包括论文题目、作者、出版日期、关键词等核心元素。这些元素的提取可以通过自动化工具或手动方式进行。一些专业的文献管理软件，如 EndNote、Zotero 等，都提供了自动导入和提取文献元数据的选项。

在提取文献元数据之后，为了确保数据的一致性和互操作性，数字图书馆相关人员需要对其进行规范化处理，即去除冗余信息、标准化词汇和格式等。例如，对于日期，数字图书馆相关人员需要统一格式，如 YYYY-MM-DD，以便后续的数据分析和处理。

文献标引是对文献进行主题分析和内容提炼的过程，旨在将文献的关键主题、概念或关键词提取出来，并用标准化的词汇进行标识。这个过程可以帮助读者更快速地找到他们感兴趣的文献，同时也能促进文献之间的关联和聚类。

文献分类则是将标引后的文献按照一定的体系和规则进行组织和划分的过程。通过分类，可以将文献归属到不同的学科、领域或主题下，形成有一定结构的分类体系。例如，科学论文可以按照自然科学、社会科学等进行分类，小说可以按照文学类别进行分类。例如，科学论文可以按照自然科学、社会科学等进行分类，小说可以按照文学类别进行分类。

为了实现准确的标引和分类，数字图书馆相关人员需要借助专业的标引词表、分类法或本体等工具。这些工具提供了标准化的词汇和规则，用

于规范标引和分类的过程，确保结果的准确性和一致性。《汉语主题词表》就是一种用于中文文献标引的工具，它提供了超过 10 万条的主题词，覆盖了各个学科领域。

此外，对元数据和标引分类的维护和更新也是非常重要的。随着学科的发展和技术的进步，数字图书馆相关人员需要对这些数据进行持续的更新优化，以满足读者不断变化的需求。例如，随着新的科研方法的出现，数字图书馆相关人员可能需要增加新的元数据元素来描述这些新的文献特性。

（三）资源库建设与管理

1. 资源库架构与设计

资源库的架构与设计是数字化文献资源建设的关键环节。先要明确资源库的目标和定位，确定其所服务的读者群体和提供的资源类型。在此基础上，进行系统的功能需求和技术要求的分析，设计出合理的资源库架构。架构设计应考虑到可扩展性、可维护性和性能等因素，以确保资源库能够满足日益增长的资源数量和复杂多样的读者需求。

2. 资源的存储与备份

资源的存储与备份是保障数字化文献资源安全性和可持续性的重要措施。在资源库建设中，应选择高性能、可扩展的存储设备，并确保资源的存储格式和标准符合规范要求。同时，为了防范数据丢失和意外情况，需要建立完善的备份机制，定期对资源库进行全量备份和增量备份，确保资源的安全可恢复。

3. 资源库的更新与维护

资源库的更新与维护是保证数字化文献资源质量和可用性的关键环节。随着新资源的不断产生和旧资源的更新，资源库需要定期进行内容的更新和调整。这包括新资源的入库、旧资源的更新或删除、元数据和标引的修正等。同时，为了保障资源库的稳定运行和性能，需要定期进行系统的维护操作，如数据库优化、系统升级、安全漏洞修补等。

在资源库的更新与维护过程中，应建立完善的工作流程和规范，确保操作的准确性和可追溯性。此外，还应建立读者反馈机制，及时收集和处理读者对资源库使用过程中的问题和建议，不断改进和优化资源库的服务质量和读者体验。

三、数字化文献资源的整合与共享

（一）资源整合

1. 多来源资源的整合

在数字化时代，文献资源来自多个渠道，例如馆内数字化项目、外部购买的数据库、开源数字资源库等。多来源资源的整合是将这些不同来源的资源进行统一汇聚和整合，以构建一个综合、全面的文献资源体系。这需要建立统一的资源标识符、元数据标准和数据交换格式，确保不同来源的资源能够相互关联和互操作，从而为读者提供一站式的检索和获取服务。

2. 不同格式资源的统一展示

数字化文献资源采用不同的格式进行存储和表示，如文本、图像、音频、视频等。为了实现不同格式资源的统一展示，需要借助相应的技术和工具，对这些资源进行格式转换和标准化处理。同时，建立跨格式的索引和检索机制，使读者能够无视资源格式的差异，通过统一的接口获取所需的文献内容。

（二）资源共享

1. 馆内与馆际共享机制

数字化文献资源的共享是提高资源利用效率和推动学术合作的重要途

径。馆内共享机制可以通过建立内部网络平台，实现馆内各部门和读者之间的资源共享和交流。而馆际共享则需要与其他图书馆或机构建立合作关系，通过馆际互借、联合目录、资源共享协议等方式，促进馆与馆之间的资源流动和互补。这种共享机制可以打破馆藏壁垒，扩大资源的可获取范围，提高学术研究的效率和影响力。

2. 开放获取与复用政策

开放获取和复用政策是推动数字化文献资源共享的重要策略。实施开放获取政策，即允许读者自由获取、使用和分享文献资源；建立合理的复用政策，即明确资源使用的权益和责任，鼓励读者对资源进行合法的再利用和创新。这些政策可以促进学术交流与合作，促进学术成果的广泛传播和利用，推动科学研究的进步和发展。

四、未来展望

（一）新技术在资源建设中的应用

随着科技的日新月异，数字化文献资源建设手握众多前所未有的机遇。人工智能、大数据和云计算等尖端技术的崛起，为这个领域带来了无限可能。未来的数字化文献资源建设，将以前所未有的方式进行。

人工智能，以其强大的自然语言处理和图像识别技术，自动化地提取和标引文献元数据。这极大地提高了资源建设的效率，减少了人为错误，使元数据的准确性和一致性得到了前所未有的提升。为数字化文献资源的建设开启了新的一页。

大数据技术，则以无与伦比的深度挖掘和分析能力，将隐藏在海量数字化文献资源中的关联和规律逐一揭示。它提供了更丰富的线索，让数字图书馆相关人员能更深入地理解文献资源的内涵和价值。无论是学术研究还是知识发现，大数据都将数字图书馆相关人员的视野推向了新的高度。

云计算，这一强大的计算和存储工具，为数字化文献资源的高效管理提供了坚实的基础。无论是数据的存储、备份，还是共享，云计算都能以其出色的性能为数字图书馆打造一个安全、高效、大规模的共享环境，让每一个读者都能享受到数字化文献资源带来的便利。

这些新技术的应用，改变了数字图书馆相关人员获取、管理和使用文献资源的方式，推动了学术交流的进步，为知识创新提供了更广阔的空间。科技的进步为数字化文献资源建设带来了翻天覆地的变革。未来，我们将看到一个更加智能、高效、便捷的数字化文献资源世界。而这一切，都离不开人工智能、大数据和云计算等新技术的支持。让我们共同期待这个充满创新和突破的未来吧！

（二）全球范围内的资源共享与合作

在全球化的背景下，数字化文献资源的共享与合作已是必然趋势。未来，各国图书馆、学术机构和出版商必将加强国际合作，共同构建全球性的数字化文献资源共享网络。这一网络将打破地域和机构的限制，实现资源的无缝链接和互操作，并通过制定统一的元数据标准和数据交换协议，确保资源的规范化和标准化。

数字化文献资源的共享与合作是推动学术交流和知识传播的重要手段。通过资源共享，各国学术界可以更方便地获取所需文献资源，避免重复劳动和资源浪费。同时，这种合作也将促进各国学术界的交流与沟通，推动全球学术界的共同进步和发展。

在构建全球性的数字化文献资源共享网络的过程中，需要建立公平、合理的资源共享机制。这包括平衡资源的权益和利益，确保各国在共享过程中的平等参与和共同受益。

第二节 数字化图书馆的合作与资源共享

一、数字化图书馆的合作模式

（一）馆际合作

1.建立馆际互借机制

馆际互借机制，即允许不同图书馆之间互相借用和传递文献资源的机制。通过制定统一的互借规则和流程，图书馆之间可以更加高效地进行文献传递，节省读者的时间和精力。这种机制打破了馆藏壁垒，扩大了资源的可获取范围，提高了资源的利用效率。实施馆际互借机制的步骤大致如下。

第一，建立统一的互借规则和流程。不同图书馆之间需要共同制定统一的互借规则和流程，包括借阅期限、借阅费用、借阅方式等方面。通过制定统一的规则，可以确保互借过程的公平性和规范性。

第二，建立互借平台。为了方便图书馆之间的互借，需要建立一个互借平台。这个平台应该具备在线申请、审核、借阅、归还等功能，同时还需要提供物流服务，以确保文献资源能够及时传递到读者手中。

第三，建立互借合作网络。为了扩大资源的可获取范围，需要建立广泛的互借合作网络。各图书馆可以加入这个网络，共享各自的文献资源，以满足读者的需求。同时，这个网络还可以促进各图书馆之间的交流与合作。

2.联合采购与共享资源

馆际合作可通过联合采购的方式，共同购买数字化文献资源，降低采购成本。同时，图书馆可以共享各自独有的资源，丰富整体的资源体系。

这种合作方式能有效提高图书馆的采购效益和资源建设水平，深化资源互补和共享。实施联合采购与共享资源的步骤大致如下。

第一，共同制订采购计划。各图书馆需要共同制订采购计划，包括采购的文献类型、数量、预算等。通过集体协商和决策，确保采购的文献资源能够满足各图书馆的需求。

第二，共同采购数字化文献资源。各图书馆可以通过联合采购的方式，共同购买数字化文献资源。这样可以降低采购成本，获得更多的优惠和特权。在采购过程中，需要确保所购买的资源与各图书馆的需求相符合，并且具有较高的质量和价值。

第三，共享独特资源。各图书馆可以将自身独特的资源进行共享，以丰富整体的资源体系。这些资源可以是本馆的特色资源，也可以是其他馆的优质资源。通过共享资源，可以促进资源的互补和共享，提高图书馆的资源建设水平。

第四，建立资源共享平台。为了方便各图书馆之间的资源共享，需要建立一个资源共享平台。这个平台应该具备在线检索、浏览、下载等功能，同时还需要提供版权保护和知识产权保护等服务，以确保资源的合法使用和共享。

（二）国际合作

在国际合作方面，数字化图书馆可以采取多种形式，如联合开展研究项目、共享资源库、互派访问学者等。这些合作形式不仅能够提高数字化图书馆的研究水平和创新能力，还可以促进不同文化之间的交流与融合。

数字化图书馆可以联合开展关于数字化资源建设、信息组织与检索等方面的研究项目，共享研究成果和技术经验，推动全球图书馆事业的科技进步和发展。

数字化图书馆可以通过建立共享资源库和知识服务平台，向全球范围内的读者提供更加便捷和高效的信息服务，提高读者满意度，促进全球范

围内的知识传播和学术交流。

二、资源共享的技术与方法

（一）建设统一的资源平台

建设一个统一的资源平台是实现数字化图书馆资源共享的关键。该平台应作为各类资源的集成点和访问入口，为图书馆和读者提供一站式的资源服务。

1. 建设联合目录

联合目录是一个汇集了多个图书馆馆藏目录的系统，它为读者提供统一的检索界面，实现对多个图书馆的馆藏资源同时检索。通过联合目录，读者可以方便地了解到各图书馆的馆藏情况，快速定位到所需的文献资源。

2. 共享仓储

共享仓储是用于存储和共享数字化资源的统一存储设施。通过共享仓储，数字化图书馆可以将各自的资源进行集中存储，实现资源的物理集中和逻辑整合。这样可以降低存储成本，提高资源的管理效率，方便读者跨库检索和获取。

（二）采用通用的元数据标准和数据交换格式

为了实现统一的资源平台，还需要采用通用的元数据标准和数据交换格式，以确保不同来源的资源能够相互关联和互操作。

1. 采用通用的元数据标准

元数据是用于描述资源属性和特征的数据。采用通用的元数据标准，如 MARC（机读目录格式）、DC（都柏林核心元数据）等，可以确保不同图书馆的资源在描述和标识上具有一致性。这样不仅能够提高资源的可发现性，也为资源的整合和共享提供了便利。

2. 数据交换格式

数据交换格式是用于实现不同系统之间数据交换的规范化格式。采用通用的数据交换格式，如 XML、JSON 等，可以实现数字化图书馆之间的资源互操作和数据共享。通过数据交换，不同图书馆的资源可以相互流通，读者可以在统一的平台上无缝获取和利用这些资源。

三、知识产权保护与许可协议

在数字化图书馆的资源共享过程中，知识产权保护是一个核心问题，涉及资源提供者、使用者和图书馆等多方的权益。因此，确保资源共享中的版权清晰合规，以及制定合理的许可协议来平衡各方权益，显得尤为重要。

（一）确保版权清晰与合规性

在资源共享的初期，就需要对涉及的文献资源进行详细的版权清查。这包括了解资源的版权状态、版权所有者、使用限制等。只有确保资源的版权清晰，才能避免未来的法律纠纷。同时，要确保所有的资源共享活动都符合国内外的版权法律法规。这可能需要图书馆与法律专家进行合作，对资源共享的各个环节进行合规性审查，确保所有的操作都在法律允许的范围内。

（二）制定合理的许可协议

许可协议是资源提供者和使用者之间的权益保障，它明确了双方在使用共享资源时的权利和义务。在制定许可协议时，需要充分考虑到资源提供者的版权利益，同时也要确保使用者能够合理、便捷地使用资源。

（三）合理的许可协议

在当今的数字化时代，共享资源已经成为人们生活和工作中不可或缺

的一部分。无论是共享软件、共享数据集，还是共享图片、音频、视频等多媒体资源，都给人们带来了极大的便利。然而，在使用这些共享资源时，数字图书馆相关人员也需要关注资源的来源、使用目的、使用期限、使用地域以及涉及的隐私和法律责任等问题。为了更好地规范共享资源的使用，将从以下几个方面进行探讨。首先，明确的使用目的是共享资源使用中至关重要的一环。当数字图书馆相关人员使用共享资源时，数字图书馆相关人员需要清楚地了解该资源的使用目的。例如，如果一个网站提供了免费的图片素材，数字图书馆相关人员应该明确这些图片是用于商业用途还是非商业用途，是否允许进行修改和使用。只有明确了使用目的，数字图书馆相关人员才能更好地避免侵权和法律风险。其次，时间与地域限制也是共享资源使用中不可忽视的方面。协议可以规定资源的使用期限和使用地域，以确保资源提供者在一定时间和地域范围内的权益。例如，当数字图书馆相关人员使用某个共享软件时，数字图书馆相关人员应该了解该软件的使用期限以及是否可以在特定地域内使用。这样可以避免因超期使用或地域限制问题而引起的纠纷。

此外，保密与隐私条款也是共享资源使用中需要关注的重要问题。如果资源中涉及读者的隐私信息，许可协议应明确双方在这方面的权利和义务。例如，在使用共享软件时，软件提供商应该对读者的个人信息和数据进行保密，并且不应该将其泄露给第三方。如果发生泄露事件，软件提供商应该承担相应的法律责任。最后，责任与赔偿也是共享资源使用中需要考虑的因素之一。

协议应明确在使用共享资源过程中可能出现的法律责任，以及如何进行赔偿。例如，当数字图书馆相关人员在使用共享软件时，如果因软件本身存在漏洞或缺陷而导致数字图书馆相关人员的计算机系统被攻击或数据泄露，软件提供商应该承担相应的法律责任并赔偿数字图书馆相关人员的损失。

四、资源共享策略

(一)设定不同的资源共享级别和访问权限

在处理各种资源时，数字图书馆相关人员必须充分考虑到资源的重要性和敏感性，这直接影响到数字图书馆相关人员如何进行共享和访问的设定。根据资源的特性，数字图书馆相关人员可以划分为不同的级别，以实现更精细化的管理和利用。

对于一些公共领域资源或是已经获得明确许可的资源，数字图书馆相关人员可以将其设定为公开共享级别。这意味着任何读者都可以自由地访问和使用这些资源，无须特殊权限。这样的设定适用于那些不含敏感信息，并且对公众开放无害的资源。例如，一些公开的学术论文、政府公开数据，以及一些开源软件等，都可以被设置为公开共享级别。

对于一些较敏感或高价值的资源，数字图书馆相关人员需要严格控制，设定限制共享级别。只有特定读者群体或满足特定条件的读者才能够访问和使用这些资源。这可以确保这些资源得到妥善的保护和合理的利用，避免因为不当使用或泄露而造成损失。同时，为了实现限制共享级别的管理，数字图书馆相关人员需要建立一套完善的权限管理系统。这个系统需要对读者的身份进行严格的验证和管理，确保只有经过授权的读者才能访问和使用相应级别的共享资源。例如，一些涉及公司核心技术的资源，或是涉及国家安全的重要数据，都应该被设置为限制共享级别，只有特定的人员才能够访问和使用。根据资源的重要性和敏感性设定不同的共享级别和访问权限，是保护资源、保障信息安全的重要手段。通过这样的措施，数字图书馆相关人员可以实现对资源的精细化管理，确保每一份资源都能得到最合适、最有效的利用。同时，也能够在保证安全的前提下，最大限度地实现资源的共享和利用，推动社会和经济的发展。

（二）根据资源的类型、价值和需求制定分享政策

1. 资源类型的区分

不同类型的资源在共享策略上可能需要进行区分。对文本资源来说，全文共享是一种常见的方式。这是因为文本资源相对较为稳定，而且全文公开可以更好地满足读者的需求。然而，对音频和视频资源来说，情况就有所不同了。这些资源往往具有较高的价值和独特性，因此，共享策略可能仅限于共享资源的摘要或片段。这种限制可以确保这些资源在共享过程中得到适当的利用和保护。

2. 资源价值的评估

资源的价值也是制定共享策略时需要考虑的重要因素。对于高价值的资源，可能需要制定更加严格的共享条件和访问控制策略。

这包括但不限于限制共享的范围、频率和时间，甚至可能需要采取身份验证等措施来确保这些资源不被滥用或非法获取。而对于低价值的资源，则可以相对宽松的共享策略，以更好地促进知识的传播和利用。

3. 读者需求的考虑

了解并满足读者的需求也是制定共享策略的关键环节。图书馆应该根据读者的需求来调整其共享策略。例如，如果读者对某类型资源的共享数量需求较大，那么图书馆就应该适当增加这种类型资源的共享数量。再比如，如果读者对某些资源的访问权限有特殊需求，那么图书馆也应该尽可能地满足这些需求。

4. 利益各方的协商与沟通

在制定和实施资源共享策略的过程中，数字化图书馆应该与版权所有者、读者和相关利益方进行充分沟通和协商。这是因为资源共享不仅涉及图书馆的利益，也涉及版权所有者、读者和其他相关方的利益。只有通过充分的沟通和协商，才能确保策略既符合法律法规的要求，又能够平衡各方的利益和需求。

5. 策略的持续优化

需要定期对资源共享策略进行评估和调整。这是因为环境和需求是不断变化的，只有通过持续的评估和调整，才能确保共享策略始终适应不断变化的环境，满足日益复杂的需求。例如，当新的技术出现时，图书馆就应该及时评估并调整其共享策略，以便更好地利用这些新技术来提高资源的利用效率和促进知识传播。

五、数字化图书馆合作与资源共享的挑战与机遇

（一）面临的挑战

在数字化图书馆的快速发展中，技术标准统一与互操作性问题逐渐浮出水面。各图书馆可能采用不同的技术标准和系统，这无疑为资源共享带来了难题。为了实现顺利的资源共享，制定和采用通用的技术标准成为当务之急。技术标准统一的重要性不言而喻。它确保了不同系统之间的兼容性，从而让资源共享成为可能。然而，这并非易事。投入大量的时间和资源进行技术研发和标准化工作是必要的。例如，可以组织专业的技术团队，对各图书馆的技术标准进行统一化和规范化，从而确保各系统之间的无障碍交互。

同时，资源权益平衡与合作机制的建立同样重要。在数字化图书馆的合作过程中，资源的权益分配无疑是一个核心问题。各图书馆可能拥有不同的资源类型和数量，因此对于资源共享的权益有着不同的期望和要求。为了实现资源权益的平衡，建立合理的合作机制势在必行。明确各方的权益和责任，确保资源在共享过程中得到公平合理的利用，是实现资源共享的关键。可以考虑引入市场机制来调节资源权益的平衡。对于贡献多的图书馆可以给予一定的经济补偿，而对于从资源共享中受益多的图书馆则可以相应地减少其投入。这样既可以激励各图书馆积极参与资源共享，又可以在一定程度上保证资源权益的平衡。

（二）发展的机遇

尽管数字化图书馆的合作与资源共享面临一些挑战，但同时也迎来了巨大的发展机遇。首先，通过数字化图书馆的合作与资源共享，数字图书馆相关人员可以显著提高资源的利用效率，为学术研究提供强有力的支持。在这个全球化的时代，学术研究已经不再局限于单个机构或国家，而是需要跨国界、跨学科的合作。数字化图书馆的合作与资源共享为学者们提供了方便获取全球范围内学术资源的途径，促进了学术研究的深度和广度。这将有助于加快学术研究的进度，推动学术创新和发展，为人类社会的进步奠定基础。

其次，数字化图书馆的合作与资源共享还有助于推动全球文化交流与知识传播。在数字化图书馆的平台上，数字图书馆相关人员可以共享世界各地的文化和历史资源，让更多人了解和欣赏不同文明的文化魅力。通过这种方式，数字图书馆相关人员可以促进全球范围内的文化交流与理解，加深不同文明之间的对话与融合。这将有助于推动人类文化的繁荣与进步，为世界各地的文化多样性提供支持。

然而，数字化图书馆的合作与资源共享并非易事。它是一项长期而艰巨的任务，需要克服许多挑战，例如技术标准统一、资源权益平衡等问题。只有通过不断努力和克服这些挑战，数字图书馆相关人员才能把握发展的机遇，为数字化图书馆的未来发展开创新的篇章。

第三节　数字化图书馆与开放获取资源

一、数字化图书馆与开放获取资源的概念与特点

（一）数字化图书馆的概念与特点

1. 数字化图书馆的概念

数字化图书馆，又称"电子图书馆"，是指将传统图书馆的资源进行

数字化处理，并通过网络技术为读者提供访问、检索和利用这些数字资源的服务的平台。

2. 数字化图书馆的特点

第一，资源数字化。所有资源都以数字格式存储，如 PDF、EPUB 等，便于保存、传输和读取。

第二，跨时空访问。读者不受地理位置和时间限制，只要有网络，就可以随时随地访问。

第三，高效检索。通过先进的检索技术，读者可以迅速定位所需资源。

第四，多媒体支持。除了能支持文本格式，还支持图片、音频、视频等多种媒体格式。

（二）开放获取资源的概念与特点

1. 开放获取资源的概念

开放获取资源，是指那些可以在公共网络上免费获取，允许任何读者阅读、下载、复制、分发、打印、搜索或链接其全文的资源，无经济、法律或技术障碍。

2. 开放获取资源的特点

第一，无版权限制。读者无须支付任何费用或请求许可，即可使用这些资源。

第二，学术价值高。开放获取资源大部分都是经过同行评审的学术论文、期刊、研究报告等，具有很高的学术价值。

第三，促进学术交流。开放获取资源推动了全球的学术交流，使得更多的学术成果能被更多人看到和使用。

第四，多样性和丰富性。开放获取资源涵盖了各个学科领域，种类繁多，内容丰富。

二、数字化图书馆与开放获取资源的互补关系

（一）数字化图书馆与开放获取资源在学术交流和知识传播中的互补作用

1. 资源整合与共享

数字化图书馆通过将传统资源进行数字化处理，实现了资源的高效管理和整合。而开放获取资源则提供了大量免费、公开的学术资源。两者相结合，能够形成一个更加全面、多样的学术资源库，满足学者和公众对不同领域、不同类型资源的需求。

2. 学术交流推动

数字化图书馆提供了学者间交流的平台，通过数字化技术的支持，学者们可以进行远程学术交流、合作研究等。而开放获取资源则促进了学术成果的广泛传播和获取，打破了传统学术出版的时空限制。两者的互补作用有助于加强学术交流的效率和质量，推动学术进步。

（二）数字化图书馆与开放获取资源合作的重要性和必要性

1. 促进学术资源的公平获取

数字化图书馆与开放获取资源合作，有助于打破学术资源的壁垒，消除资源获取的不平等现象。数字化图书馆的整合和开放获取资源的共享，能让更多人免费或低成本地获取学术资源，推动知识的民主化和普及化。

2. 提高学术影响力和创新能力

数字化图书馆与开放获取资源合作，有助于扩大学术成果的传播范围和影响力，吸引更多研究者的关注和引用，从而提升学术影响力和促进学术创新。

3. 推动图书馆服务的转型升级

数字化图书馆与开放获取资源合作，能促进图书馆服务的转型升级。图书馆可以通过整合开放获取资源，提供更加个性化、精准化的信息服务，满足读者的多样化需求。

三、数字化图书馆如何整合与利用开放获取资源

（一）数字化图书馆整合开放获取资源的原则

1. 开放性原则

在实施资源整合的过程中，开放性原则至关重要。这意味着要确保所有整合的资源都符合开放获取的标准，从而使得任何人都可以免费获取、使用、修改和分享这些资源。这种开放性的哲学思想，不仅有助于知识的传播和利用，还能够激发广大研究者的创新活力。例如，许多学术期刊和数据库都遵循开放获取的原则，使得科研人员可以在全球范围内自由地获取和使用这些资源，促进了学术交流和知识传播，推动了科研工作的创新和发展。

2. 质量控制原则

在资源整合过程中，质量控制原则同样非常重要。这意味着要对整合的资源进行严格的筛选和审查，以确保它们的学术性和可靠性。这需要建立一个完善的质量控制机制，从而对整合的资源进行有效的评估和管理。例如，许多学术期刊在审稿过程中，会邀请专家对稿件进行严格的同行评审，以确保论文的质量和学术价值。此外，一些数据库也会对收录的资源进行严格的筛选和审查，以确保其准确性和可靠性。

3. 标准化原则

在资源整合过程中，标准化原则是实现资源互操作性和可交换性的基础。这意味着要采用统一的元数据标准和数据格式，以便对资源进行有效

的描述、组织和存储。同时，还要确保整合的资源具有一致的风格和格式，从而使得读者可以更加方便地使用这些资源。例如，许多数据库和信息系统都采用通用的数据格式和元数据标准，如 Dublin Core 和 ISO 等，以便于数据的交换和共享。

4. 尊重知识产权原则

在资源整合过程中，尊重知识产权原则是必不可少的。这意味着在整合过程中，要充分尊重原作者的知识产权，并遵守相关法律法规。同时，还要合理使用和引用这些资源，以避免侵犯他人的权益。例如，许多学术期刊和数据库都会遵守版权法规，要求作者在提交稿件时签署版权协议，以确保原作者的知识产权得到充分尊重和保护。此外，这些期刊和数据库还会鼓励作者合理引用和参考他人的研究成果，以促进学术交流和知识传播。

（二）数字化图书馆整合开放获取资源的四步骤

第一步，资源采集。资源采集是数字图书馆的重要工作之一，它通过各种方式收集开放获取的资源，包括网络爬虫、数据交换等方式，可以自动或手动地进行资源的收集。这些资源包括各种类型的文献，如期刊论文、学位论文、会议论文等，也包括各种格式的资源，如文本、图像、音频、视频等。

第二步，元数据整合。在资源采集之后，需要进行元数据整合。元数据是描述数据的数据，它提供了关于资源的详细信息，如资源的标题、作者、出版日期等。通过元数据整合，数字图书馆相关人员可以将收集到的资源进行统一的分类和标识，形成资源目录和索引，方便后续的资源发现和获取。

第三步，数据存储管理。由于收集到的资源数量庞大，需要采用大数据技术对数据进行存储和管理。这些技术包括分布式文件系统、数据库管理系统等，它们能实现对海量数据的存储和管理，同时保证数据的安全性和可靠性。

第四步，提供资源发现和获取服务。通过资源发现与获取技术，为读者提供资源的发现和获取服务。这些技术包括搜索引擎、链接解析等，可以帮助读者快速地找到所需的资源。同时，数字图书馆还会提供一些个性化的服务，如资源推荐、文献传递等，以满足读者的不同需求。

通过以上四个步骤，数字图书馆可以实现对开放获取资源的有效管理和利用。这些资源的收集、整合、存储和管理都需要耗费大量的人力物力，但通过数字图书馆的努力，数字图书馆相关人员可以将这些资源转化为有用的信息，为科学研究和社会发展做出贡献。

四、数字化图书馆整合与利用开放获取资源所面临的挑战和对策

（一）所面临的挑战

1. 资源的多样性和复杂性

开放获取资源具有广泛的来源和多样的格式，这为整合工作带来了不小的难度。这些资源可能包括期刊论文、预印本、博客文章、社交媒体帖子、数据集，甚至可能包括视频和音频文件。它们可能以各种不同的格式（如 PDF、DOCX、CSV 等）和元数据结构出现，这就需要对资源进行适当的筛选、清洗和分类，以便后续的检索和分析。

此外，这些资源的语言和风格也可能各不相同，会对整合工作带来额外的挑战。例如，一些资源可能是用英语写的，而其他资源可能是用西班牙语、汉语或日语写的。这可能需要数字图书馆相关人员在整合过程中进行翻译或转写，以便所有的资源都能被有效地利用和分析。

2. 知识产权问题

在整合开放获取资源的过程中，数字图书馆相关人员必须确保不侵犯原作者的知识产权。这意味着数字图书馆相关人员需要遵守各种版权法规，

以及与知识产权相关的国际条约和协议。在某些情况下，数字图书馆相关人员可能需要获得原作者的许可才能使用他们的作品。此外，数字图书馆相关人员还需要遵守各国的法律法规，例如隐私权和数据保护法规，以确保整合工作是合法和道德的。

3. 技术挑战

整合开放获取资源需要先进的技术支持。这可能包括大数据处理技术，例如数据清洗、数据挖掘和机器学习，以便从大量的开放获取资源中提取有用的信息。同时，数字图书馆相关人员还需要使用语义网技术，例如自然语言处理（NLP）和知识图谱（Knowledge Graph），以便从文本和数据中提取意义和关系。此外，数字图书馆相关人员还需要使用云计算和分布式计算技术，以便有效地处理和分析大量的数据。这些技术挑战需要数字图书馆相关人员具备高级的技术能力和专业知识，这意味着数字图书馆必须在人力资源和技术基础设施上加大投资。

（二）应对挑战的对策

1. 建立统一的标准和规范

建立统一的标准和规范是图书馆整合资源的基石。这包括制定统一的元数据标准、数据交换格式等，以便简化资源的整合过程。通过这种方式，图书馆可以确保不同来源的数据能够相互兼容，避免出现数据孤岛和重复建设的情况。此外，建立标准化的操作流程和规范，可以进一步提高图书馆的工作效率。

2. 加强合作与交流

加强合作与交流是图书馆推动开放获取资源整合与利用的关键。图书馆应该积极与资源提供者、其他数字化图书馆等加强合作，共同推动开放获取资源的整合与利用。通过合作，图书馆可以共享资源、知识和经验，共同解决技术和管理问题，提高整体水平。此外，加强交流可以促进图书馆之间的相互了解和学习，推动图书馆事业的进步。

3.提升技术能力

提升技术能力是图书馆应对数字化挑战的基础。图书馆需要积极引进和培养技术人才，提升数字化图书馆的技术实力，以应对技术挑战。通过引进先进的技术和工具，图书馆可以更好地进行数据挖掘、分析和利用，提高资源的利用率和价值。此外，加强技术能力可以提高图书馆的网络安全和数据保护水平，确保资源的安全性和可靠性。

五、开放获取资源对数字化图书馆的影响与推动

(一) 开放获取资源对数字化图书馆馆藏建设的影响

1.资源获取方式的革新

在传统的图书馆模式下，馆藏资源的获取主要依赖购买和借阅，这不仅限制了资源的获取范围，还增加了图书馆的运营成本。然而，随着数字化时代的到来，开放获取资源逐渐成为学术资源的重要来源，为数字化图书馆提供了更多免费或低成本的学术资源。这使得数字化图书馆能够以更低的成本获取更多的资源，同时也扩大了资源的获取范围，为学术研究提供了更多的可能性。

2.馆藏结构的优化

通过整合开放获取资源，数字化图书馆能够更加灵活地调整和优化馆藏结构。开放获取资源的多样性使得数字化图书馆能够及时补充新的学术成果、研究报告等，保持馆藏的前沿性和全面性。同时，开放获取资源还可以提高数字化图书馆的馆藏利用率，为读者提供更多高质量的学术资源。

3.开放获取资源的优势

首先，开放获取资源具有高度的自由度和共享性，能够促进学术交流和知识共享。其次，开放获取资源可以降低学术研究的成本，为更多的学者提供免费或低成本的学术资源。最后，开放获取资源还可以提高学术成

果的传播速度和影响力，有利于推动学术研究的进步和发展。

数字化图书馆在利用开放获取资源方面具有巨大的潜力。未来，随着数字化技术的不断发展和应用，数字图书馆相关人员可以预见到开放获取资源将会在数字化图书馆中扮演更加重要的角色，为学术研究提供更加全面、灵活和高效的资源支持。

（二）开放获取资源对数字化图书馆服务模式的影响

首先，整合开放获取资源是数字化图书馆丰富服务内容的关键。开放获取资源是一种免费、公开、可重复使用的学术资源，包括期刊论文、研究报告、数据集等。通过整合这些资源，数字化图书馆可以为科研、教学、学习等领域的读者提供更加全面、多样化的学术资源。读者可以随时随地访问数字化图书馆的网站，搜索并获取所需的开放获取资源，从而更加方便地完成他们的学术研究任务。

其次，开放获取资源的开放性和共享性促使数字化图书馆在服务方式上进行创新。例如，数字化图书馆可以开展个性化推荐服务，根据读者的需求和兴趣，推荐相关的开放获取资源。这种个性化推荐服务可以利用数据挖掘和机器学习等技术，对读者的搜索历史、阅读习惯和学术领域进行深入分析，从而为读者提供更加精准、个性化的资源推荐。这种服务方式不仅可以提升读者体验和服务质量，还可以帮助读者更好地发现和利用相关的学术资源。

最后，数字化图书馆还可以通过开放获取资源与其他学术机构建立合作关系，共同开展学术交流和合作研究。这种合作可以促进学术资源的共享和优化，提高学术研究的效率和成果的质量。同时，数字化图书馆还可以通过开放获取资源为公众提供文化服务和教育支持。例如，一些数字化图书馆为公众提供免费的数字图书和在线课程，以满足公众的阅读和学习需求。

（三）开放获取资源推动数字化图书馆的创新与发展

首先，技术的创新与应用是数字化图书馆更好地整合和利用开放获取资源的关键。随着大数据、人工智能等技术的不断发展，数字化图书馆能够对这些海量数据进行有效处理和分析，从而提升对开放获取资源的整合能力。例如，通过采用人工智能技术，数字化图书馆可以为读者提供更加精准的资源推荐和个性化服务，满足读者的多元化需求。此外，通过应用区块链技术，数字化图书馆可以实现对资源版权的有效保护，为开放获取资源的合理使用提供保障。

其次，合作与联盟的建立是数字化图书馆成功整合和利用开放获取资源的重要途径。由于开放获取资源的复杂性和多样性，单个图书馆往往难以独立完成资源的整合和利用工作。因此，数字化图书馆需要与其他机构，如学术出版机构、科研机构等建立紧密的合作关系。通过参与国际性的图书馆联盟，数字化图书馆可以共同建设和分享开放获取资源，实现资源利用的最大化。同时，这种合作也有助于提升整体学术交流和知识传播的效果。

最后，为了更好地整合和利用开放获取资源，数字化图书馆还需要不断丰富和完善自身的技术手段和服务能力。例如，数字化图书馆应该加强网站建设、数据存储与备份、网络安全等方面的技术投入，确保读者能够安全、便捷地获取所需的资源。同时，数字化图书馆还应该加强对工作人员的培训和管理，提高他们的专业素养和服务水平，为读者提供更加优质的服务。

五、案例分析与实证研究

（一）案例要点

某大型数字化图书馆与开放获取平台的合作某大型数字化图书馆为了

提供更全面、高质量的学术资源，与一知名的开放获取资源平台展开了合作。

1. 合作内容

数字化图书馆整合了开放获取平台上的大量学术资源，包括期刊论文、会议论文、研究报告等，并将其纳入自己的馆藏中。同时，数字化图书馆也为开放获取平台提供了更多的曝光和访问途径，提高了资源的利用率。

2. 技术实现

双方技术团队共同开发了资源整合系统，实现资源的自动采集、元数据整合、索引建立等功能。此外，还采用了大数据分析和挖掘技术，为读者提供个性化的资源推荐服务。

（二）案例成果

实证数据与效果分析通过合作，数字化图书馆和开放获取平台都获得了可喜的收益。

1. 资源数量的增加

合作后，数字化图书馆的资源数量大幅增加，涵盖了更多的学科领域，满足了更多读者的需求。

2. 访问量的提升

通过数字化图书馆的推广和服务整合，开放获取资源的访问量也有了显著的提升。

3. 读者满意度的提高

读者对数字化图书馆和开放获取资源的满意度也有了明显的提高。读者表示，通过数字化图书馆可以更加方便地找到和获取所需的学术资源，而开放获取资源的质量和学术价值也得到了读者的认可。

该案例说明了数字化图书馆与开放获取资源合作的重要性和意义，大致总结如下。

（1）资源的互补与共享

合作实现了数字化图书馆和开放获取资源之间的互补与共享，丰富了学术资源的类型和数量。

（2）提高资源的利用率和学术影响力

通过合作，数字化图书馆和开放获取平台都提高了资源的利用率，同时也增强了学术影响力，推动了学术交流和知识传播。

（3）推动图书馆服务的创新与发展

合作促使数字化图书馆不断优化服务模式，推动技术创新和应用，提升读者体验和服务质量。

第四章　数字图书馆的知识组织与分类

第一节　数字资源的标引与分类

一、数字资源的标引

（一）标引的目的和任务

数字图书馆是信息时代的一大飞跃，它通过数字化技术将海量文献资源整合在一起，为读者提供了一个便捷、高效的阅读环境。如何让读者在数字图书馆的茫茫文献资源中找到自己需要的资源？这就需要依赖标引这一重要手段。标引在数字图书馆中扮演着至关重要的角色，它通过对数字资源进行描述和组织，使读者高效、准确地发现和获取所需资源。

可以说，标引的首要目的是实现资源的有效发现和获取。为了实现这一目标，标引承担了以下核心任务。

1. 提供资源的概要信息

为读者提供资源的概要信息，即要让读才明确资源的内容、主题和属性等。在数字图书馆中，资源数量庞大，如果读者对资源没有一个大致的了解，那就很可能迷失在海量的文献中。因此，标引人员需要对每一个资源进行仔细的分析和研究，挖掘出它们的核心内容、主题以及属性，并通过简短的文字描述将这些信息呈现给读者。这样读者就能快速地了解资源的主题和内容是否符合自己的需求，从而决定是否需要进一步阅读。

2. 创建统一、标准化的基础

在数字图书馆中，资源的检索和索引是实现资源有效利用的关键。为了实现这一目标，标引人员需要遵循统一的规范和标准对资源进行标引。这些规范和标准通常由专业机构制定并推广，它们不仅保证了资源的检索和索引的质量，也提高了检索的效率。通过使用统一的规范和标准进行标引，读者就能够通过关键词、主题词等快速检索到自己需要的资源。此外，标引还可以通过一些先进的算法和技术提高资源的发现和获取效率。例如，利用自然语言处理技术对资源的文本进行分析和处理，提取更多的关键词和主题词；利用机器学习和人工智能技术对读者的搜索行为进行分析和预测，提高检索的精准度和效率；利用数据挖掘技术对大量的标引数据进行处理和分析，发现新的知识关联和趋势；等等。

（二）数字资源的标引方法

1. 元数据标引

元数据标引是利用标准的元数据格式对数字资源进行描述的过程。这些元数据可以提供资源的基本信息，如标题、作者、创建日期、关键词等。许多数字图书馆采用 MARC（机读目录）或 DC（都柏林核心元数据）等元数据标准进行标引，确保资源之间可以互操作和共享。

2. 基于内容的标引

基于内容的标引是对数字资源内部的内容进行分析，从中提取关键信息并进行描述的过程。这不仅要描述资源的表面信息，还要描述资源深层次的主题和结构。这种方法尤其适用于非文本资源，如图像、音频和视频。例如，一张图片可能被标引为"日落景色"，不仅仅是因为其文件名或外部描述，还因为其内容和色彩。

（三）标引过程中的挑战与对策

1. 语义模糊性处理

在信息处理中，语义模糊性是一个普遍存在的问题。由于语言的复杂

性，如一词多义，相同的词在不同的上下文中可能会有完全不同的含义。这增加了标引的难度，提高了出错的概率。为了解决这个问题，受控词汇表和词库被广泛采用，以确保标引的一致性。

这些工具为每个词提供了明确的定义和范围，从而避免了语义模糊。然而，仅仅依靠受控词汇表和词库可能不够。在处理特定的上下文时，数字图书馆相关人员还需要对词进行更为准确的解释。这就需要引入语境分析技术。语境分析技术是一种从上下文中提取信息的技术，它可以帮助数字图书馆相关人员确定词在特定语境中的准确含义。通过这种方法，数字图书馆相关人员可以确保在特定上下文中词的准确解释，从而进一步提高标引的准确性。

2. 自动化标引技术的发展与应用

随着数字资源的爆炸式增长，手动标引已经难以为继。手动标引需要消耗大量的人力和时间，而且往往无法满足及时性的需求。为了解决这个问题，自动化标引技术应运而生。

自动化标引技术利用了诸如自然语言处理、机器学习和深度学习等先进的人工智能技术。其中，深度学习模型在自动化标引中发挥了重要的作用。例如，利用深度学习模型对文本资源进行主题提取和分类，不仅可以大大提高标引的效率，还可以显著提高标引的准确性。通过深度学习模型，数字图书馆相关人员可以根据文本的内容自动确定其主题类别，这比传统的手动标引方法更为准确高效。此外，自动化标引技术还可以利用自然语言处理技术进行语义分析。通过分析文本的语法和语义结构，数字图书馆相关人员可以确定其主题和关键词，从而实现自动化的标引过程。这种方法在处理大规模数字资源时具有显著的优势，它可以在短时间内处理大量的数据，并且持续学习和优化，提高标引的准确性和效率。

二、数字资源的分类

（一）数字资源分类的目的与原则

分类是数字图书馆的一项至关重要的任务，它决定了数字资源的组织和导航方式，直接影响到资源的可用性和可访问性。在数字图书馆的背景下，分类的目的是将各种类型的数字资源进行有效的组织和管理，以便读者能够快速、准确地找到他们所需要的信息。为了实现这一目标，分类需要遵循以下基本原则。

1. 资源的组织

资源的组织是数字资源分类的首要原则。这要求数字图书馆相关人员根据某种逻辑或标准，系统地组织数字资源，使读者能够一目了然地了解资源的整体结构和分布情况。例如，可以根据资源的主题、类型、来源等进行分类，以便读者能够根据自己的需求，快速定位到相应的资源类型或主题领域。

2. 导航便捷

导航便捷是数字资源分类的另一个重要原则。分类的目的是使读者能够快速地找到他们所需的资源。因此，分类必须能够提供清晰、直观的导航路径，使读者能够轻松地浏览和获取资源。例如，可以通过创建详细的分类树、提供清晰的标签和描述等方式，提高分类的导航性和可用性。

3. 考虑读者的兴趣和需求

数字资源分类还需要考虑读者的兴趣和需求。不同的读者可能有不同的信息需求和兴趣爱好。因此，分类需要具备一定的灵活性和可扩展性，能够满足不同读者的需求和兴趣。例如，可以通过提供个性化的推荐服务、定制化的搜索结果等方式，提高分类的针对性和匹配度。

（二）传统分类法的应用

作为信息时代的产物，数字图书馆与传统的实体图书馆有着本质的区别。尽管如此，数字图书馆仍然借鉴了许多传统图书馆学的分类方法，如杜威十进分类法、国际十进分类法等，对海量资源进行分类。这些传统方法经过长时间的验证，具有一定的科学性和实用性，可以帮助数字图书馆读者轻松找到所需资源。然而，数字图书馆的资源类型和传统图书馆有所不同，因此传统分类法可能不适用于某些特定领域的数字资源。例如，对于多媒体资源、网络资源、电子出版物等新型资源，传统的分类法就显得力不从心。因此，数字图书馆需要根据自身的特点，对这些传统分类法进行适当的调整和扩展。

首先，对于多媒体资源，数字图书馆可以采用多维度分类法。例如，根据内容类型、主题、时间等维度对资源进行分类。此外，还可以考虑引入人工智能技术，对多媒体资源进行自动标注和分类。

其次，对于网络资源，数字图书馆可以借鉴搜索引擎的关键词分类法。通过对网页进行分析，提取关键词，将资源归类到相应的关键词类别中。这样可以帮助读者快速找到所需资源，提高搜索效率。

最后，对于电子出版物，数字图书馆可以采取电子期刊和电子图书的分类法。根据出版物的类型、主题、学科领域等方面进行分类。同时，还可以引入元数据技术，对电子出版物进行精细化的描述和组织。

（三）基于数据挖掘和机器学习的自动分类

随着科技的不断进步，数据挖掘技术和机器学习技术为数字资源的自动分类提供了新的可能性。这些技术可以自动分析资源的内容、元数据和读者行为等数据，从而实现对资源的自动归类。

首先，让数字图书馆相关人员考虑数据挖掘技术。数据挖掘技术是一种从大量数据中提取有价值信息和知识的技术。在数字资源分类中，数据挖掘技术可以用于分析资源的内容，从而识别它们的主题、特征和语义关系。通过使用不同的算法，数据挖掘技术可以自动将相似的资源归为同一类别，并根据资源的特征进行精细分类。例如，在图书馆藏书的自动分类中，数据挖掘技术可以分析图书的标题、作者、出版年份等信息，并根据这些信息将图书自动归类到不同的主题或类别中。此外，数据挖掘技术还可以分析读者行为数据，如借阅记录、搜索历史等，以识别读者的兴趣和需求，从而为图书馆的资源采购和推荐提供参考。

其次，让数字图书馆相关人员考虑机器学习技术。机器学习技术是一种让计算机系统自动学习和改进的技术。在数字资源分类中，机器学习技术可以用于分析资源的元数据和读者行为数据，从而自动识别资源的特征和模式。

通过使用各种机器学习算法，如支持向量机、决策树和神经网络等，机器学习技术可以自动将资源归为不同的类别，并不断提高分类的准确性和效率。

再例如，在电子商务网站的商品分类中，机器学习技术可以分析商品的图片、标题、价格等信息，并根据这些信息将商品自动归类到不同的类别中。此外，机器学习技术还可以分析读者的购买历史和搜索行为等数据，以识别读者的购买意图和偏好，从而为网站的推荐系统提供支持。

数据挖掘和机器学习技术在数字资源分类中的应用具有巨大的优势。它们可以大大减轻人工分类的负担，提高分类的效率和准确性，并能够根据数据的动态变化进行调整。在未来，随着技术的不断发展，我们有理由相信这些技术将在数字资源分类中发挥越来越重要的作用。

（四）分类面临的挑战与解决方案

随着信息技术的迅速发展，数字资源时刻处于更新和变化之中，这给资源分类带来了一定的挑战。传统的静态分类方法可能难以适应这种快速的变化，需要不断进行手动调整，既耗时又耗力。为了解决这一问题，数字图书馆相关人员可以采用动态分类方法，结合数据挖掘和机器学习技术，

实时跟踪资源的变化和读者需求，对分类进行动态更新和调整。

在动态分类方法中，数字图书馆相关人员可以通过数据挖掘技术对数字资源的特征进行提取和分析。例如，数字图书馆相关人员可以通过文本挖掘技术提取和分析资源的主题、关键词和内容，从而确定资源的类别。

同时，数字图书馆相关人员还可以利用机器学习技术分析读者的搜索历史和浏览行为进行，以了解读者的需求和兴趣，从而对资源进行更精准的分类。

通过实时跟踪数字资源和读者需求的变化，数字图书馆相关人员可以及时发现分类中存在的问题，并对其进行调整和优化，从而提高资源分类的准确性和效率，省下人工调整的人力和时间成本。

此外，数字图书馆相关人员还可以通过引入智能算法来实现自动化分类。例如，数字图书馆相关人员可以通过深度学习算法对资源进行自动分类，从而提高分类的效率和准确性。同时，数字图书馆相关人员还可以利用自然语言处理技术对资源的文本内容进行自动理解和分析，从而实现对资源的智能分类。数字资源的动态更新和调整给资源分类带来了挑战，但同时也提供了机遇。通过采用动态分类方法，结合数据挖掘和机器学习技术，数字图书馆相关人员可以实现对资源的实时跟踪和分析，从而提高资源分类的准确性和效率。未来，随着技术的不断发展，相信动态分类方法将会成为数字资源管理的重要发展方向。

三、标引与分类在数字图书馆中的整合与应用

(一) 标引与分类的互补关系

在数字图书馆的构建与服务中，标引与分类是两个相互依赖、相互补充的重要环节，共同构建了数字图书馆的基础架构和服务体系。它们在资源管理、信息检索和读者服务等方面发挥着关键作用，共同影响着数字图

书馆的效率和精准性。

标引是数字图书馆中一项基础性的工作，它为图书馆的资源提供了详细、准确的描述。这些描述性信息，可以是关于资源的主题、关键词、作者、出版日期等元数据，也可以是关于资源的内容和形式的描述。这些描述性信息使得资源能够被精确地理解和定位，无论是对于图书馆员还是对于读者来说，都是如此。

分类是数字图书馆中的另一重要环节。基于标引环节中得出的描述性信息，图书馆员将这些资源归纳到不同的体系结构中，例如按照主题分类、按照出版年份分类等。这种分类体系为读者提供了宏观的资源视图，使读者可以更方便地查找和浏览他们感兴趣的资源。

标引和分类的互补关系确保了数字资源在管理和服务层面的高效性和准确性。

具体来说，标引环节提供的元数据和信息可以为分类环节提供决策依据，确保资源被正确归类。假设一个资源的主题是关于人工智能的，那它应该被归类到人工智能相关的类别中，这一分类结果又可以反馈给标引环节，为其提供更丰富的背景和上下文信息，进一步完善资源的描述。即这一被归类到人工智能相关类别的资源，其相关的关键词和主题也应该被进一步提取和丰富。

此外，标引和分类还有助于提高数字图书馆的服务质量。精确的标引和合理的分类，既有助于图书馆员更有效地进行资源的组织和检索，从而提高信息检索的准确性和效率，也有助于读者更方便地查找和浏览他们感兴趣的资源，使读者获得更好的使用体验。

（二）基于标引与分类的数字资源推荐系统

在数字化时代，数据是我们生活和工作中不可或缺的一部分，其中经过标引和分类的数据，更是不可或缺的。经过标引和分类的数据，能为构建数字资源推荐系统提供强有力的支持，能帮助数字图书馆相关人员更好

地管理和组织海量的信息。

所谓的标引，是指对信息进行标记或者索引，以便快速找到相关信息。在数字图书馆或者信息系统中，标引通常被用来对文档、网页或者数据库中的信息进行标记和检索。通过使用关键词、元数据或者其他标准化的标签，标引可以使得信息更加容易被搜索和发现。

所谓的分类，是对信息进行组织，将不同的信息归为不同的类别，以便更好地管理和查找信息。在数字图书馆或者信息系统中，分类通常被用来对文档、网页或者数据库中的信息进行分类和归档。利用标准的分类体系或者自定义的分类方案，将信息分为不同的类别，能更加方便地查找和浏览信息。

所谓推荐系统，是一种基于读者行为和偏好的自动化信息推荐工具。它可以分析读者的浏览、检索和下载行为，结合资源的标引和分类信息，推测读者的兴趣和需求，为其推送相关资源。例如，当读者检索某一主题的资源时，推荐系统可以根据该主题的分类信息，为读者列出同主题或相关主题的其他资源。同时，结合资源的标引信息，如关键词、作者等，推荐系统可以进一步细化推荐结果，确保其准确性和针对性。推荐系统的实现方式多种多样，可以基于不同的算法和模型进行设计和实现。其中，协同过滤是一种常见的推荐算法。它通过分析读者之间的行为相似度和偏好相似度，推荐读者可能感兴趣的资源。此外，基于内容的推荐也是一种常见的推荐算法。它通过分析资源的特征和属性，推荐与读者兴趣相关的资源。

除了算法和模型的选择，推荐系统的性能还取决于数据质量和数据处理能力。如果数据质量不高，或者数据处理能力不足，那么推荐系统的效果会大打折扣。因此，数字图书馆相关人员需要对数据进行清洗、去重、归一化等预处理操作，以提高数据的质量和准确性。同时，数字图书馆相关人员也需要使用高效的算法和硬件设备，以提高处理能力，确保推荐系统的实时性和准确性。标引和分类的数据对于构建数字资源推荐系统具有重要的意义。它们不但可以提高信息的管理效率和质量，还可以帮助数字图书馆相关人员更好地满足读者的需求和偏好。

（三）提升读者检索与获取资源的效率与准确性

标引和分类的整合应用在数字图书馆中起到了至关重要的作用，其最终目的是提升读者检索和获取资源的满意度。通过分类，大大缩小了检索范围，读者可以快速定位到感兴趣的资源大类，避免在大量不相关的资源中筛选。同时，标引提供的详细元数据可以帮助读者进一步精确检索结果，确保获取的资源与自己的需求高度匹配。

除了提高了检索的准确性和效率，分类和标引还能为读者提供更加个性化的服务。结合读者的历史行为和资源的标引、分类信息，数字图书馆可以为读者推荐个性化的资源和服务，提高资源的使用率和读者满意度。如果一个读者在历史检索中多次查询了关于"人工智能"的资源，数字图书馆可以通过分析这些历史行为，为读者推荐更多与人工智能相关的资源。

此外，分类和标引还可以帮助数字图书馆更好地组织和管理资源。通过对资源的分类和标引，图书馆可以更加清晰地了解资源的特征和属性，从而更好地存储和管理这些资源。这也有助于提高数字图书馆的运营效率和服务质量。

综上，标引和分类的整合应用在数字图书馆中具有非常重要的意义。它们能缩小检索范围、精确检索结果、提供个性化服务等，从而提高读者的检索效率和满意度，也为数字图书馆的管理和运营提供了便利。

第二节　语义标注与知识图谱在数字图书馆中的应用

一、语义标注在数字图书馆中的应用

（一）语义标注的定义与原理

语义标注是一种对数字资源进行深度描述的方法。它并不局限于简单

的关键词或术语的标注，而是通过使用具有明确语义的词语或术语，以及它们之间的相互关系，为资源添加丰富的语境和背景信息。这个过程不仅关注资源本身的属性，还注重描述资源之间的内在联系和逻辑结构，从而更准确地表达资源的主题和含义。

与传统的关键词标注相比，语义标注具有显著的优势。传统的关键词标注往往只是简单地罗列资源中包含的词，而忽略了词与词之间的关联性和语义关系。这样一来，读者需要自行解读这些词，并尝试理解它们在资源中的意义和作用。然而，语义标注则通过揭示词与词之间的内在关系和逻辑结构，使读者能够更直观、准确地理解资源的主题和含义。

语义标注已广泛应用于许多领域。例如，在图书馆和档案馆中，图书、论文、图片等资源的语义标注，能使读者更方便地搜索和浏览这些资源；在电子商务领域，产品的语义标注，能让消费者更准确地找到他们需要的产品。此外，语义标注还可以用于智能问答系统、智能家居等领域。

随着人工智能和自然语言处理技术的不断发展，语义标注的技术也在不断进步。以前，语义标注需要人工手动进行，而现在，随着机器学习和深度学习技术的广泛应用，自动化的语义标注已经成为可能。通过使用这些技术，数字图书馆相关人员可以训练模型来自动识别和标注资源中的词语和术语，提高标注效率。

（二）语义标注在数字图书馆中的价值

1. 提升资源描述的精确性

在数字图书馆中，资源的描述往往面临着巨大的挑战。由于资源的多样性，如何准确、统一地描述这些资源成为一个难题。语义标注的出现，为解决这个难题提供了有效的手段。通过使用标准化的词语和术语，数字图书馆可以更加精确地描述资源，避免歧义和误解。这种精确性的提高，不仅可以帮助读者更准确地理解资源的内容和主题，还可以提高资源发现和获取的精确度，也能让读者在搜索资源时更准确地定位到自己需要的资源，减少搜索的时间。此外，精确的语义标注还有助于资源的自动处理和机器理解，为机器后续的知识抽取和挖掘奠定基础。

2. 增强资源的互操作性

语义标注采用通用的词汇和术语集，使得不同数字图书馆之间的资源可以相互理解和操作。这种互操作性促进了数字图书馆之间的合作和资源共享，为读者提供更广阔的知识获取空间。在传统的数字图书馆中，不同系统之间的资源往往难以共享和操作。但是，通过共享的语义标注，不同系统可以共同理解和操作数字资源，进而实现跨库检索、资源推荐等高级功能。例如，读者可以在一个数字图书馆中搜索资源，然后通过跨库检索功能在其他数字图书馆中查找相似的资源。这种互操作性的增强，为读者提供了更多的选择。

（三）语义标注的实施流程与方法

第一，确立标注词语和术语集。这要求数字图书馆相关人员对相关领域内的核心概念、实体、关系等有深入理解，并挑选出适合的词语和术语来表述这些概念。这一步骤既需要深入理解领域知识，也需要充分掌握标注需求。

第二，制定标注规则。标注规则是指在进行语义标注时的规范和标准。这些规则应明确标注的目的、标注方法、标注格式等。制定标注规则是保证标注质量和一致性的关键环节，需要充分考虑领域特性及标注需求。

第三，培训标注人员。标注人员是执行语义标注工作的主体，他们需要熟悉标注规则、掌握标注方法、理解相关领域知识等。在培训过程中，可以通过演示、案例分析等方式来提升标注人员的专业能力和工作效率。

第四，完成以上准备步骤后，就可以进行资源的语义标注了。此阶段需要根据具体的资源类型、数量和标注精度要求来选择适合的标注方法。手动标注、半自动标注或自动标注等方法均可使用，具体选择取决于实际

情况。

第五，进行验证和质量控制。验证是为了确保标注结果的准确性和完整性，可以通过抽查、对比等方式进行。质量控制是为了保证标注工作的效率和质量，可以通过制定质量标准和采取相应的措施实现。

（四）实证分析与案例研究

某大型图书馆为了满足读者的多元化需求，提升图书馆资源的利用率，引入了语义标注与知识图谱技术。

1. 语义标注的应用

在该图书馆中，语义标注被广泛应用于图书资源的描述和分类。图书馆员利用语义标注技术对每本图书进行详细描述，标注图书的主题、作者、出版社等关键信息，使读者在检索图书时能够更快速地获取到符合自己需求的图书信息。此外，语义标注还被用于建立图书之间的关联。通过共享相同的标签或关键词，不同的图书被有效地链接在一起，为读者提供了探索相关主题的便捷途径。

2. 知识图谱的应用

知识图谱在该图书馆中起到了知识导航的作用。该图书馆的相关工作团队构建了一个综合的知识图谱，涵盖了图书馆的所有藏书。这个知识图谱以图形化的方式展示了各种知识之间的关联和层次，帮助读者更好地理解图书馆的资源结构和知识体系。同时，该图书馆还利用知识图谱进行个性化的阅读推荐，即分析读者的借阅记录和阅读偏好，精准地推荐与其兴趣相符的图书。

通过应用语义标注与知识图谱技术，该图书馆成功地提升了图书资源的可发现性和利用率，为读者提供了更加个性化的阅读体验。这个案例证明了语义标注与知识图谱在图书馆中的实际应用价值，为图书馆的创新服务提供了新的思路。

二、知识图谱在数字图书馆中的应用

（一）知识图谱的基本概念与结构

知识图谱是一种先进的知识表示方法，它通过使用节点和边来结构化地表示知识。这种方法可以帮助人们更好地理解知识之间的关联和层次结构，从而更有效地利用知识。

节点，是知识图谱中的基本单元，可以表示各种实体或概念。在生物领域的知识图谱中，节点可以代表各种生物物种、基因、蛋白质等；在电商领域的知识图谱中，节点可以表示商品、品牌、买家等实体。这些节点通过知识图谱的边相互连。

知识图谱的边，表示相连节点之间的关联或关系，在知识图谱中起着至关重要的作用，它们将各个节点连接在一起，形成了一个庞大的知识网络。在与人相关的知识图谱中，这些边可以表示各种类型的人际关系，如父子关系、婚姻关系、朋友关系等；在与生物相关的知识图谱中，这些边可以表示生物物种之间的进化关系、基因之间的调控关系等；在与电商相关的知识图谱中，这些边可以表示商品之间的类似关系、买家与商品之间的购买关系等。

知识图谱通常以图形或网络的形式呈现，直观地呈现知识之间的关联和层次结构。与传统的文本或表格表示方式相比，知识图谱更加生动形象，易于理解。此外，知识图谱还具有可扩展性和可更新性，即可根据需要添加新的节点和边，从而不断扩展和更新知识图谱的内容。

除了在电商、生物等领域，知识图谱还广泛应用于医疗、金融、智能客服等领域。在医疗领域，知识图谱可以帮助医生更好地理解疾病之间的关联和层次结构，从而更有效地制订治疗方案；在金融领域，知识图谱可以帮助风控人员更好地理解欺诈行为之间的关联和层次结构，从而更有效

地打击金融欺诈。

（二）知识图谱在数字图书馆中的角色

数字图书馆在当今信息化社会中扮演着越来越重要的角色，而知识图谱在其中发挥着核心作用。知识图谱是一种图形化知识库，可以清晰地揭示数字资源之间的关联，使读者更深入地理解和探索某个主题或领域的知识。

首先，知识图谱在数字图书馆中可以展现不同资源之间的关联。通过分析文本中的实体及其关系，知识图谱能将与之相关的人物、机构、事件等其他资源连接起来，形成一张复杂但清晰的知识网络。例如，在研究某位历史人物时，知识图谱可以将该人物相关的文献、事件、关系人物等资源链接在一起，使读者能够更全面地了解和探索该人物的相关知识。

其次，知识图谱在数字图书馆中还可以提供更深层次的知识发现服务。基于知识图谱的可视化和分析工具，读者可以浏览、探索和发现知识之间的关联、模式和趋势。例如，通过分析某领域的论文集合，知识图谱可以发现该领域的知识结构、发展趋势和前沿方向，使读者能够更准确地把握该领域的发展动态和未来趋势。

最后，知识图谱还可以帮助数字图书馆提高知识服务的水平。通过分析读者的行为和需求，知识图谱可以推荐相关的资源和服务，提供个性化的阅读清单和建议。同时，知识图谱还可以帮助数字图书馆进行资源整合和管理，提高资源的利用效率和价值。

（三）构建数字图书馆知识图谱的方法与挑战

构建数字图书馆知识图谱是一项涉及多个复杂环节的工程，需要采取科学的方法和有效的技术。

1. 数据收集

数据收集是第一步，即从各种来源和类型的数据中获取有用的信息。这个过程需要用到各种数据采集工具和技术，如网络爬虫、数据挖掘等。

2. 实体抽取和关系抽取

实体抽取主要是从文本中识别出实体，如人名、地名、组织机构等；关系抽取则是从文本中识别出实体之间的关系。两者都需要自然语言处理技术的支持。

在实体抽取方面，可以采用基于规则的方法或基于机器学习的方法，其中，规则方法主要依靠专家手动编写规则，机器学习方法则需要大量的训练数据来学习实体的特征。

在关系抽取方面，可以通过基于模板的方法或基于机器学习的方法来识别实体之间的关系。

3. 图谱构建

图谱构建，即将抽取的实体和关系整合到一个图谱中。这个图谱可以表示为一张图，其中节点代表实体，边代表实体之间的关系。在构建图谱时，需要考虑如何处理不同数据源之间的矛盾和冲突，以及如何保证图谱的质量和完整性。

此外，在构建数字图书馆知识图谱的过程中，还需要应对以下问题。

首先，数据质量是一个重要的问题。由于数据来源不同，可能存在大量的噪声和冗余信息，需要进行数据清洗和筛选。

其次，规模与复杂性也是一个大问题。数字图书馆中的数据量通常非常庞大，需要采用高效的数据存储和处理技术来应对。

最后，更新与维护也是一个重要的问题。由于数字图书馆中的数据是动态变化的，需要及时更新知识图谱以保持其准确性和完整性。

针对以上问题，可采取的技术和方法包括：利用自然语言处理技术进行实体识别和关系抽取，采用分布式存储技术处理大规模数据，利用版本控制工具跟踪知识图谱的更新和维护，等。

（四）基于知识图谱的数字图书馆应用案例分析

在实际应用中，基于知识图谱的数字图书馆已有不少成功案例。这些成功案例充分展示了知识图谱技术在学术资源管理和利用方面的优势。

某大型学术数字图书馆利用知识图谱技术构建了学术资源知识图谱，实现了学术资源的语义搜索和知识导航。该馆在构建学术资源知识图谱的过程中，首先对海量的学术资源进行了数据清洗和规范，确保了数据的质量和准确性。之后，利用知识图谱技术对学术资源进行了深度分析和建模，将资源之间的引用关系、合作关系和学科领域结构等进行了可视化呈现。通过这个知识图谱，读者可以直观地了解学术资源之间的引用关系和合作关系，从而更好地把握学术研究的发展动态和趋势。同时，读者还可以通过知识图谱进行学科领域结构分析，了解不同学科之间的交叉和融合情况，为学术研究提供更为全面和准确的信息支持。

该馆的成功案例充分说明了知识图谱技术在数字图书馆建设中的重要性和应用价值。通过知识图谱技术，该馆实现了对学术资源的深度分析和挖掘，提高了学术研究的效率和准确性，提升了信息服务的针对性和个性化程度，更好地满足了读者的不同需求和偏好。

随着知识图谱技术的不断发展，基于知识图谱的数字图书馆将在更多领域得到应用和发展。例如，在产业领域，可利用知识图谱技术构建产业知识图谱，帮助企业了解行业发展动态和趋势，提高决策的准确性和效率；在医疗领域，可利用知识图谱技术构建医学知识图谱，帮助医生进行疾病诊断和治疗方案的制订，提高医疗水平和治疗效果。

三、语义标注与知识图谱的整合在数字图书馆中的价值

（一）语义标注与知识图谱的互补性

语义标注和知识图谱在数字图书馆中扮演着至关重要的角色，它们各

自具有独特的优势，但同时又相互补充。语义标注以其精准性，为数字资源添加了丰富的语义描述，使这些资源更容易被理解和发现。而知识图谱则通过揭示资源之间的关联和链接，为数字图书馆相关人员提供了更广阔的知识视野和深层次的知识发现服务。语义标注是一种语言处理技术，它通过分析文本中的词汇、短语和句子，为数字资源添加精确的语义描述。这些描述可以帮助读者更好地理解资源的内容和主题，从而更有效地进行信息检索和知识获取。在数字图书馆中，语义标注的应用可以显著提高资源的可读性和可用性。知识图谱是一种以图形化的方式表示知识的方法，它通过将实体、属性和它们之间的关系链接在一起，构建了一个庞大的知识网络。这个网络可以帮助数字图书馆相关人员更好地理解知识之间的关联和逻辑关系，从而提供更全面、准确和智能的数字图书馆服务。在数字图书馆中，将语义标注与知识图谱整合起来，可以充分发挥二者的优势。例如，通过将语义标注应用于知识图谱的实体上，数字图书馆相关人员可以更准确地理解这些实体的含义和属性，从而更有效地进行信息检索和知识发现。此外，通过将知识图谱中的实体链接到语义标注的资源上，数字图书馆相关人员可以更全面地展示这些资源的属性和关系，从而提供更丰富的阅读体验。

（二）基于语义标注与知识图谱的数字图书馆高端服务

数字图书馆通过整合语义标注与知识图谱，得以实现一系列高端服务，展现了现代科技的无限可能。以下是两个典型的高端服务。

1. 资源推荐与个性化服务

借助语义标注提供的精确描述和知识图谱提供的关联关系，数字图书馆可以深度分析读者的兴趣和需求，提供个性化的资源推荐。这种推荐方式不仅考虑了读者的浏览历史和语义标注信息，还利用了知识图谱中丰富的关联关系，为读者推荐与其兴趣相匹配的资源。例如，如果一个读者在数字图书馆中浏览了大量关于"区块链"的文献，通过分析读者的浏览历

史和语义标注信息，数字图书馆可以判断读者对这一主题有浓厚的兴趣。于是，在读者下次登录时，数字图书馆可以根据读者的行为模式和兴趣领域，推荐更多关于"区块链"的资源。

此外，数字图书馆还能根据知识图谱中的关联关系，为读者推荐与其兴趣相关的其他主题的资源，推动读者拓宽视野。这种个性化服务有助于提高资源的曝光率和读者的满意度。对于读者来说，他们不再需要花费大量时间在海量的资源中寻找自己感兴趣的内容，而是能够快速、准确地获取与自己需求相匹配的资源。这种个性化的推荐方式也增加了读者的黏性，使读者更愿意在数字图书馆中查找和阅读资源。

2. 语义搜索与知识问答

结合语义标注和知识图谱，数字图书馆得以实现更精确和智能的语义搜索和知识问答服务。传统的基于关键词的搜索方式往往不能准确地理解读者的意图，反馈的结果也可能与读者的期望相去甚远。而语义搜索则能够根据语义标注信息理解读者的查询意图，反馈与之相匹配的资源。例如，当读者搜索"人工智能对社会的影响"时，传统的搜索方式可能会返回大量关于"人工智能"和"社会影响"的文献。而通过语义搜索和知识图谱的理解，数字图书馆可以准确地把握读者的意图，返回与"人工智能对社会的影响"相关的资源。

知识问答则是另一种基于语义的高端服务。通过知识图谱中的关联关系和语义标注的信息，数字图书馆能针对读者的问题，提供准确、简洁的答案。例如，当读者提问"人工智能有哪些应用场景？"时，数字图书馆可以通过知识图谱中的关联关系和语义标注信息，为读者提供详细的答案。有了这种基于语义的智能化搜索和答疑，读者不再需要在大量的搜索结果中筛选自己需要的信息，而是能够直接获取与自己需求相匹配的资源或答案。

第三节　数字图书馆中的主题识别与关联分析

一、主题识别在数字图书馆中的应用

（一）主题识别的定义与原理

主题识别是数字图书馆中的一项关键技术，它通过算法和技术自动识别和提取数字资源中的主题信息。主题可以被视为资源的核心内容和焦点，它代表了资源所讨论、描述或涉及的主要概念、话题或事件。

主题识别的原理主要基于文本分析和数据挖掘技术。它首先对数字资源进行文本预处理，包括分词、去除停用词、词性标注等步骤。然后，利用文本挖掘算法和自然语言处理技术，如词频统计、关键词提取、主题模型等，对资源的文本内容进行深入分析和挖掘，以识别和提取主题信息。

（二）主题识别的技术方法

在主题识别的过程中，多种技术方法可以被应用，以下三种最为常见。

1. 文本挖掘

通过对大规模文本数据的分析和挖掘，发现文本中的模式、趋势或关联，以揭示主题结构。

2. 自然语言处理

利用语言学、计算机科学和人工智能的技术来处理、分析和理解自然语言文本，从而提取主题信息。

3. 主题模型

如 LDA（隐含狄利克雷分布）等，是一种统计模型，能够从大量文档集中自动识别和提取主题。

（三）实证分析与案例研究

某大型国家数字图书馆藏有海量学术论文、报告和资料，涵盖了各个学科领域。为了更有效地组织和推荐这些资源，该图书馆引入了主题识别技术。

首先，图书馆对所有的数字资源进行了预处理，包括文本清洗、分词、去除停用词等步骤，并对其进行了文本挖掘和自然语言处理。通过这些技术，图书馆从文本中提取了关键词、短语和概念，并对它们进行了频次和重要性的分析。这一步是进行主题识别的基础和关键环节。

接下来，图书馆利用了主题模型技术，尤其是 LDA 模型，对所有资源进行了主题建模。LDA 模型是一种流行的主题建模方法，它能够从大量的文本数据中提取潜在的主题，并自动识别和聚集相同或相似主题的资源。该图书馆为每个主题生成了一组关键词或描述，这些关键词或描述能够反映该主题的核心内容。在实际应用中，这种主题识别技术显著提高了资源的组织和推荐效率。读者可以通过主题浏览方式快速定位自己感兴趣的资源，而图书馆也可以根据读者的兴趣和历史行为，为其推荐相关主题的资源。比如，如果读者对某个学科领域的论文很感兴趣，图书馆可以向其推荐该领域的最新研究成果、专家观点等。

此外，主题识别还为图书馆的资源管理和策展提供了有价值的数据支持和决策参考。通过分析各个主题的关注度和热度，图书馆可以优化资源采购、存储和管理策略，提高资源的利用效率和影响力。同时，图书馆还可以根据主题之间的关联和演变趋势，策划专题展览、学术研讨会等活动，进一步丰富图书馆的文化内涵和服务功能。

二、关联分析在数字图书馆中的应用

（一）关联分析的定义与原理

关联分析是一种数据挖掘技术，旨在发现大量数据中的有趣关系或关联。在数字图书馆中，关联分析被用来揭示数字资源之间的潜在联系和模式。通过识别资源之间的关系，关联分析能够帮助图书馆员和读者更好地理解资源的上下文和意义，从而改进资源的组织和发现。

关联分析的原理在于利用数据挖掘算法，在大量数据中搜索并识别频繁出现的模式、关联规则或其他类型的关联。这些关联可以是基于统计的，也可以是基于某种特定领域的。通过这种方法，可以让我们发现看似不相关的资源之间实际上存在的某种联系。

（二）关联分析的方法与工具

在进行关联分析时，可以采用多种方法和工具，以下列举两种。

1. 关联规则挖掘

这是一种通过寻找项集（itemsets）间的频繁模式来发现关联的方法。其中，Apriori 和 FP-Growth 是两种常用的关联规则挖掘算法。它们可以揭示资源之间的共现关系，例如"读者查看此资源后，也查看了一些其他资源"。

2. 网络分析

这种方法通过构建和分析网络图来探索资源之间的关系。节点可以代表资源，边则代表资源之间的联系。网络分析可以揭示资源之间的聚类、社区结构和关键节点。

（三）实证分析与案例研究

在信息爆炸的时代，如何从海量数据中提炼出有价值的信息是一大挑战。下面以某研究型数字图书馆为例。

该图书馆藏有大量的科研论文，为了提升读者的研究体验，图书馆引入了关联分析技术。

首先，该馆利用关联规则挖掘技术，对读者的浏览和下载记录进行了深入分析。通过挖掘频繁项集，图书馆发现了不同领域论文之间的共现关

系，并据此优化了论文的推荐算法。现在，读者能够更便捷地找到与其当前研究主题相关的其他论文。例如，如果读者正在阅读一篇关于人工智能的论文，新的推荐算法会根据其他读者的行为数据，推荐与人工智能相关的其他论文。这种个性化推荐服务大大提高了读者的研究效率。

其次，图书馆还利用网络分析技术，构建了论文引用网络。通过分析网络的社区结构和关键节点，图书馆揭示了不同研究领域之间的联系和影响力。这种网络分析不仅帮助图书馆更好地理解和组织资源，还为科研人员提供了新的视角和思路，促进了跨学科的研究合作。比如，在论文引用网络中，一些关键节点可能代表了某一领域的核心论文。通过分析这些论文的引用关系，科研人员可以发现不同领域之间的联系，从而促进跨学科的合作和研究。

总之，通过应用关联分析技术，该数字图书馆成功提升了知识发现和服务创新的水平。读者能够更方便地探索和发现相关资源，科研合作也得以加强。这种以数据驱动的方式改进了资源的组织和推荐，进一步推动了数字图书馆向智能化、个性化方向发展。

三、主题识别与关联分析的整合价值

（一）提升资源组织与导航

主题识别与关联分析的整合，对数字资源的组织与导航具有重要意义。传统上，数字资源的组织主要基于元数据或人工分类，这可能无法充分反映资源的真实内容和内在联系。通过整合主题识别，数字图书馆相关人员可以自动、准确地从资源文本中提取核心主题，形成更贴近资源内容的组织体系。

同时，关联分析能够揭示资源之间的潜在关系，进一步强化这一组织体系。这种整合后的组织方式，使得读者在浏览和搜索资源时能够更为精准地定位自己的需求。例如，当读者对一个特定主题感兴趣时，系统可以首先通过主题识别定位到与该主题相关的资源集合，然后通过关联分析展示这些资源之间的内在联系，从而为读者提供更为全面和深入的导航。

（二）增强知识服务

主题识别与关联分析的整合还能显著增强数字图书馆的知识服务。一方面，通过主题识别，数字图书馆可以为读者提供更为精准的资源推荐。基于读者的兴趣历史和当前需求，系统可以自动提取和推荐与读者主题高度相关的资源。另一方面，利用关联分析，数字图书馆可以进一步提供上下主题的知识推荐。当读者查看某一资源时，系统可以分析该资源与其他资源之间的关联，推荐与之相关的其他主题或资源，从而为读者提供更为丰富和深入的知识视角。

（三）应用示例与效果评估

下面以某全球知名学术数字图书馆为例。该馆近年来整合了主题识别与关联分析技术，为读者提供了更为智能和精准的知识服务。

在实际应用中，当读者搜索某一主题时，系统首先利用主题识别技术提取与该主题最为相关的学术论文和资源，然后通过关联分析技术展示这些论文之间的引用关系、共现关系等，为读者提供全方位的知识视图。

经过效果评估，这种整合策略在多个方面都表现出了显著的优势：在资源组织方面，整合后的数字图书馆能够更好地揭示资源之间的内在联系，提高资源的可发现性和易用性；在知识服务方面，读者满意度和资源利用率都有了显著提升，证明了整合主题识别与关联分析对于增强数字图书馆知识服务的重要性。

第五章 数字图书馆的读者服务

第一节 数字图书馆中的读者需求分析

一、读者需求的种类与特点

（一）种类

在数字图书馆读者的需求中，资源需求、功能需求和体验需求是最为重要的三个方面。

1.资源需求

资源需求是数字图书馆读者最基本的需求之一。读者希望能够在数字图书馆中找到特定主题、类型的数字资源。这包括学术论文、电子书、历史档案、图像、音频和视频等多种类型的资源。对读者来说，资源需求的满足程度直接影响到他们对数字图书馆的评价和满意度。如果数字图书馆能够提供全面、及时、易检索的资源，那么读者就会认为该数字图书馆具有很高的价值。

2.功能需求

功能需求是读者对数字图书馆提供的工具、应用和服务的需求。这包括高效且准确的检索工具、资源组织和导航工具、参考咨询服务、个性化推荐服务等。读者希望通过这些功能和服务，能够更便捷、高效地利用数字图书馆的资源，并解决他们在学术、研究或学习过程中的问题。如果数字图书馆能提供这些功能和服务，并持续优化和更新，那么读者就会认为该数字图书馆具有很高的使用价值。

3. 体验需求

体验需求是读者对数字图书馆界面、操作流畅度、个性化等方面的需求。读者期望数字图书馆的界面友好、易于操作，能够提供良好的应用体验。此外，个性化服务也是体验需求的重要组成部分，读者希望数字图书馆能够根据他们的兴趣和偏好，提供个性化的资源推荐和服务。如果数字图书馆能提供良好的体验，那么读者就会更愿意使用该数字图书馆，并且推荐给其他人使用。

为了满足读者的这些需求，数字图书馆需要不断改进和优化。例如，增加更多的资源类型和数量，提高资源的更新频率；优化检索工具和资源组织方式，提高读者的检索效率；加强参考咨询和个性化推荐服务，提高读者的问题解决率和满意度；改进界面设计和操作流程，优化应用体验等。

（二）数字图书馆读者服务特点

1. 多样性

数字图书馆读者服务的首要特点是多样性。这种多样性主要源于读者需求的多样性。在这个信息爆炸的时代，读者群体已经变得非常复杂和多样化。学术研究人员、学生、普通读者等不同群体对数字图书馆的需求各不相同。例如，学术研究人员可能更关注最新的研究动态和深度资料，而学生可能更倾向于寻找轻松有趣的学习资源。同时，即使是同一读者群体，由于个体之间的差异，他们的需求也可能各不相同。为了满足这种多样化的需求，数字图书馆需要提供多样化的资源和服务。这意味着数字图书馆不仅要提供传统的文本和图片资源，还需要提供音频、视频、数据集等各种类型的资源。此外，数字图书馆还需要提供多样化的服务，如研究咨询、数据分析、在线讲座等，以满足不同读者群体的需求。

2. 动态性

数字图书馆读者服务的另一个重要特点是动态性。读者需求是不断变

化的，随着社会和科技的发展，读者的需求也在不断变化。例如，随着新的研究领域的出现，可能会引发对新的数字资源的需求。因此，数字图书馆需要保持敏锐的洞察力，及时调整和更新自己的资源和服务，以满足读者不断变化的需求。为了应对这种动态性，数字图书馆需要建立一个动态更新的资源库。这意味着数字图书馆需要定期更新和优化自己的资源库，以保持其时效性和价值。此外，数字图书馆还需要提供动态更新的服务，如实时咨询和在线答疑等，以满足读者不断变化的需求。

3. 个性化

数字图书馆读者服务的第三个特点是个性化。每个读者都有自己的兴趣、偏好和使用习惯，因此他们对数字图书馆的需求也是个性化的。为了满足读者的个性化需求，数字图书馆需要提供个性化的服务。个性化的服务可以是基于读者兴趣的资源推荐。通过分析读者的浏览历史和搜索记录，数字图书馆可以为读者推荐他们可能感兴趣的资源。此外，数字图书馆还可以提供定制化的读者界面，以满足读者的个人喜好和使用习惯。例如，有些读者可能更喜欢简洁明了的界面，而有些读者则可能更喜欢复杂的导航菜单。通过提供个性化的服务，数字图书馆可以提高读者满意度和忠诚度。

二、读者需求的分析方法

在当今的数字化时代，图书馆已经不仅是纸质文献的收藏地，而是升级为信息技术的集大成者，为读者提供丰富、多样的数字资源。为了更好地了解读者对数字图书馆的使用情况，数字图书馆相关人员采用了多种调研工具，包括问卷、访谈和焦点小组等，以确保数据的全面性和准确性。调研过程中，数字图书馆相关人员采用了问卷调查的方式，通过精心设计问题，了解读者对数字图书馆的认知、使用习惯、满意度等方面的信息。同时，数字图书馆相关人员还进行了深入的访谈和焦点小组讨论，与读者面对面交流，聆听他们的需求和建议。通过这些方式，数字图书馆相关人员收集到了大量的读者反馈和数据，为后续的数据分析提供了基础。

在数据分析阶段，数字图书馆相关人员利用数据挖掘和文本挖掘技术，对读者行为日志、搜索记录等进行深入分析。通过数据挖掘技术，数字图书馆相关人员可以分析读者的搜索行为、浏览行为等，从而了解读者对数字图书馆的使用习惯和需求。同时，数字图书馆相关人员还可利用文本挖掘技术，对读者的反馈意见和建议进行情感分析，以了解读者对数字图书馆的满意度和改进方向。

为了更直观地展现数据分析的结果，数字图书馆相关人员构建了读者使用数字图书馆的典型场景，包括搜索资源、浏览资源、阅读资源等环节。通过模拟这些场景，数字图书馆相关人员可以更加深入地了解读者的需求和痛点，从而为数字图书馆的改进提供有力的支持。

同时，数字图书馆相关人员还可以根据读者的反馈意见和建议，不断优化数字图书馆的功能和服务，提高读者的满意度和忠诚度。为了更好地适应移动互联时代的需求，数字图书馆也需要不断拓展移动端的服务。数字图书馆相关人员可以通过开发专属的移动应用程序或者在现有平台上提供优质的服务，让读者随时随地访问数字图书馆的资源。同时，数字图书馆相关人员还可以利用人工智能和机器学习技术，开发智能化的移动端界面和服务，为读者提供更加便捷、高效的使用体验。

此外，数字图书馆还需要通过社交媒体、在线论坛等渠道，与读者进行实时互动，了解他们的需求和反馈，及时解决问题和改进服务；还可以通过举办线下活动、讲座等方式，增强读者对数字图书馆的认知和信任度，提高数字图书馆的品牌形象和社会影响力。

除了上述提到的调研工具、数据分析以及个性化服务，数字图书馆在未来的发展中还可以考虑以下几点。

（一）强化资源整合与共享

随着信息量的不断增长，数字图书馆需要更加注重资源的整合与共享，可通过与其他图书馆、学术机构等合作，数字图书馆可以建立更加全面、多样化的资源库，满足读者的不同需求。同时，数字图书馆还需要不断更新资源，确保信息的准确性和时效性。

（二）提升服务质量

数字图书馆的服务质量直接关系到读者的满意度和使用体验。因此，数字图书馆需要不断优化服务流程，提高服务质量。例如，数字图书馆可以通过提供在线咨询、文献传递、定制化推送等服务，满足读者的个性化需求。

（三）培养专业人才

数字图书馆的发展离不开专业人才的支持。因此，数字图书馆需要注重培养具备图书馆学、信息管理等相关专业知识的人才，提高员工的专业素养和服务能力。

（四）拓展国际合作

随着全球化的不断发展，数字图书馆需要加强国际合作，促进信息资源的共享和交流。通过与其他国家、地区的图书馆、学术机构等合作，数字图书馆可以引进国外先进的资源和技术，推动自身的发展。

（五）保护知识产权

在数字图书馆的发展过程中，对知识产权的保护至关重要。数字图书馆需要建立健全的知识产权保护制度，规范资源的获取和使用，避免侵权行为的发生。

三、数字图书馆满足读者需求的优势

（一）资源层面

数字图书馆作为信息时代的产物，已经成为全球知识传播的重要枢纽。它们拥有丰富的资源种类和高质量的资源，为满足读者需求打下了坚实的基础。

第一，数字图书馆拥有广泛的资源种类。传统的图书馆主要收藏纸质图书、期刊、论文等文献资料，而数字图书馆则通过数字化技术，将各种类型的资源进行整合，形成了一个统一的资源库。读者可以在数字图书馆中查找、阅读、下载各种类型的资源，包括图书、期刊、论文、音频、视频等。这些资源涵盖了文学、历史、哲学、社会科学、自然科学等多个领域，为不同需求的读者提供了便利。

第二，数字图书馆的资源质量更有保障。在数字图书馆中，资源的来源和权威性得到了严格的审核和把关。数字图书馆通常会与各大出版社、学术机构、专业人士等合作，确保所收录资源的权威性和准确性。

第三，数字图书馆还会对所收录的资源进行数据清洗和加工，以提高资源的可读性和易用性。

第四，数字图书馆的资源质量不仅体现在权威性和准确性方面，还体现在其对于不同语言和文化的包容性上。数字图书馆通过收录不同语言和文化的资源，让读者能够更加全面地了解世界各地的文化和知识。这种包容性不仅有助于消除文化隔阂，还能够促进不同文化之间的交流和理解。

此外，数字图书馆还具有其他优势。例如，能提供多样化的阅读方式，包括在线阅读、下载、朗读等，以满足不同读者的需求；能根据读者的需求和兴趣，为读者推荐相关的资源和服务，提高读者的阅读体验和满意度。

(二) 技术层面

随着人工智能技术的不断发展，数字图书馆也在逐步转型，以便更好地满足读者的需求。其中，优化检索算法和加强语义搜索等技术的应用成为关键。在传统的信息检索中，读者输入关键词进行搜索，但常常会受到不准确、不相关结果的困扰。而通过优化检索算法和加强语义搜索技术的应用，数字图书馆可以更准确地理解读者的意图，提高检索结果的准确性和相关性。例如，利用语义搜索技术，数字图书馆可以对关键词进行深度解析，将关键词的含义与文章中的内容进行匹配，从而提高搜索结果的准确度。同时，通过个性化推荐算法，数字图书馆可以针对读者的阅读习惯和兴趣，为读者提供个性化的阅读建议，满足读者的个性化需求。

此外，随着数据量的不断增加，数字图书馆采用更高效的数据存储和处理技术。例如，采用分布式存储技术可以解决数据存储容量的问题，采用搜索引擎技术可以快速地处理大量的文本数据。

(三) 服务层面

第一，数字图书馆能提供多种读者支持渠道，以便读者能够随时随地获取帮助和支持。其中，在线客服是一种非常有效的途径。客服人员可以通过在线聊天、邮件、电话等方式，及时解答读者的问题，提供个性化的建议和服务。数字图书馆还能设置教程和 FAQ 页面，提供详细的使用指南和常见问题解答，帮助读者更好地使用数字图书馆的资源和服务。

第二，数字图书馆能通过数据分析，了解读者的需求和行为习惯，推出更加贴心的服务和产品。例如，针对高频问题，提前设置好答案，减少读者等待时间；针对读者的使用习惯，推出个性化的推荐服务，提高读者的使用效率。此外，定期的读者调查也是提高读者满意度的重要手段。通过读者调查，数字图书馆可以了解读者对数字图书馆的满意度和改进意见，及时进行改进和优化。例如，如果读者对检索系统的反应速度提出疑问，数字图书馆可以针对性地进行优化，提高检索速度和服务质量。

第二节　个性化服务与推荐系统

一、个性化服务的定义与特点

(一) 个性化服务的定义

数字图书馆作为信息时代的重要产物，其核心功能已经不再局限于提供传统的文献资源，而是更加注重为读者提供个性化的服务和资源。这种个性化服务，是指根据读者的个性、兴趣、需求和行为等特点，为其量身定制服务和资源。在数字图书馆中，个性化服务建立在先进的技术和方法之上，对读者的偏好和需求进行深入分析和挖掘，从而为读者提供与其兴趣和需求高度匹配的资源和服务。

首先，数字图书馆的个性化服务体现在对读者需求的精准把握上。这种服务方式通过分析读者的行为和偏好，了解读者的需求和兴趣，从而为其提供更加符合需求的服务。例如，通过对读者的借阅历史、搜索记录等进行分析，可以得出读者的阅读偏好和学术研究方向，从而为其推荐相关的书刊和文章。这种方式不仅可以提高读者获取信息的效率，还可以增强读者对数字图书馆的信任感和依赖度。

其次，数字图书馆的个性化服务还体现在资源的个性化推送上。这种服务方式根据读者的兴趣和需求，为其定制个性化的资源推送。例如，通过分析读者的阅读记录和搜索历史，可以为其推送相关的新闻、博客、学术论文等资源。这种方式可以帮助读者更好地了解相关领域的前沿动态，促进其学术研究和知识更新。

最后，数字图书馆的个性化服务还体现在对读者提供个性化的学习资

源和工具上。这种服务方式根据读者的学习需求和水平，为其提供个性化的学习资源和工具。例如，针对不同学科、不同层次的学生，可以为其提供定制化的学习资源和学习工具，帮助其更好地完成学业任务和提高学术水平。

数字图书馆的个性化服务得益于现代技术的不断发展。例如，数据挖掘、机器学习等技术的应用可以帮助数字图书馆更好地分析读者的行为和需求，从而为其提供更加精准的个性化服务。同时，随着移动互联网的技术升级和日益普及，数字图书馆的个性化服务也可以实现更加便捷的访问和获取方式。例如，通过手机应用程序、微信公众号等方式，读者可以随时随地获取数字图书馆的个性化服务和资源。

数字图书馆的个性化服务是信息时代发展的必然趋势。这种服务方式不仅可以提高读者获取信息的效率和质量，还可以增强读者对数字图书馆的信任感和依赖度。同时，随着技术的不断发展和应用，数字图书馆的个性化服务也将迎来更加广阔的发展前景。

(二) 个性化服务的特点

个性化服务是一种以读者为中心的服务模式，它根据读者的个人特点和历史行为，提供符合其特定需求的服务。这种服务模式具有极强的针对性，能够充分满足读者的个性化需求，提高读者满意度。

首先，个性化服务的针对性体现在它能根据读者的个人特点和历史行为，为读者提供符合其特定需求的服务。例如，数字图书馆中的个性化服务可以分析读者的检索历史、阅读偏好、下载行为等，为读者推荐他可能更感兴趣的文献。这种服务模式不仅考虑了读者的普遍需求，更结合了读者的个性化特点，使服务更加贴心、精准。

其次，个性化服务的适应性体现在它能随着读者的需求和情境的变化而自适应调整。这种服务能够实时追踪和分析读者的行为，动态地更新和调整服务内容。例如，数字图书馆中的个性化服务可以实时分析读者的阅读习惯和兴趣变化,为读者推荐满足其最新需求的最新文献。这种适应性确保了服务始终与读者的需求保持高度一致,提高了服务的精准度和读者满意度。

最后,个性化服务的读者中心体现在它始终围绕读者展开,以读者为中心。这种服务强调读者的主体地位,注重读者体验和感受,基于读者的需求提供资源推荐,提供定制化的界面、个性化的交互方式等,确保读者在数字图书馆中的全程体验都是愉悦和高效的。

个性化服务是一种高效、精准、贴心的服务模式。它以读者为中心,针对读者的个人特点和历史行为提供符合其特定需求的服务。同时,它能够随着读者的需求和情境的变化而自适应调整,确保服务始终与读者的需求保持高度一致。

二、推荐系统的原理与技术

(一)推荐系统的定义与原理

推荐系统是一种先进的信息过滤系统,它通过深入学习读者的历史行为,比如浏览、搜索、购买等,来理解读者的需求和兴趣。在此基础上,它为读者推荐可能感兴趣的物品、服务或信息。这个系统的基本原理就是通过对大量读者行为数据的挖掘和分析,来发现读者的行为模式和兴趣偏好。这些信息被用来指导推荐算法,从而实现对读者的个性化推荐。

推荐系统的应用非常广泛,可被用于电子商务网站、视频流媒体平台、社交媒体平台等。通过推荐系统,这些平台可能更好地理解读者的需求和兴趣,从而提供更加个性化的推荐服务,提高读者满意度,增加平台的点击率和收益。

推荐系统的设计和实施需要考虑到许多因素,比如数据的收集、算法的选择、推荐的时效性等。同时,推荐系统也需要不断地优化和更新,以

适应读者的需求变化和行为模式变化。

（二）推荐系统的关键技术

1. 协同过滤——推荐系统中的常用技术

协同过滤是推荐系统中最为广泛应用的技术之一。它基于读者对物品的评分或其他行为，发现物品或读者之间的相似度，并根据这种相似度进行推荐。在实践中，如果两个读者过去的行为相似，那么他们未来的行为可能也会相似。这种技术通过分析读者行为，将具有相似兴趣的读者归为同一群体，从而为新读者推荐最有可能感兴趣的物品。

协同过滤的优点在于能根据读者的兴趣和行为模式进行推荐，从而提供更加个性化和准确的服务。但是，除了上述优点，它也存在一些局限性，例如当读者数量较少或者数据稀疏时，可能会出现推荐不准确的情况。此外，协同过滤也无法考虑到物品的属性，这在一定程度上限制了它的应用范围。

2. 内容推荐——基于物品特征的推荐方法

与协同过滤不同，内容推荐是基于物品或服务的特征进行推荐。它首先对物品的内容进行分析，然后根据读者对内容的偏好进行推荐。内容推荐的关键在于提取物品的特征和读者的兴趣点，然后匹配二者进行推荐。

内容推荐的优点在于能考虑物品的属性，从而能够更加精准地推荐符合读者兴趣的物品。此外，内容推荐还可以根据读者的反馈和评价进行优化和调整，从而提高推荐的准确性和满意度。然而，内容推荐也存在一些局限性，例如它需要先对物品的内容进行分析和提取特征，这需要一定的时间和计算资源。

3. 混合推荐——综合多种方法的推荐技术

为了克服单一推荐方法的局限性，混合推荐结合了多种推荐方法的结果，以期得到更准确、全面的推荐。混合推荐可以是算法的混合，也可以是结果的混合，具体实现方式取决于应用场景和需求。

混合推荐的优势在于可综合利用不同推荐方法的优点，从而提供更加全面和准确的推荐结果。例如，可以将协同过滤和内容推荐的结果进行加权平均或者根据一定的规则进行融合，从而得到更加准确的推荐结果。此外，混合推荐还可以根据不同的应用场景和需求进行调整和优化，以适应不同的读者群体和业务需求。

在实际应用中，选择哪种推荐方法取决于具体的业务需求和数据情况。数据充足且读者行为模式明显的情况下，协同过滤是一种很好的选择；数据稀疏、物品属性明显的情况下，内容推荐可能更为合适；需要综合考虑多种因素的情况下，混合推荐则是一个不错的选择。无论采用哪种方法，都需要对数据进行充分的分析和处理，以提取有用的信息和特征，从而提高推荐的准确性和满意度。

（三）推荐系统在数字图书馆中的应用场景

推荐系统是一种智能化的学习工具，可以根据读者的浏览历史和检索行为，向读者推荐相关主题的学术文献、电子书刊等资源，从而提高读者的学习效率。其具体应用情形如下。

推荐系统会记录读者在学术领域的浏览历史和检索行为，包括搜索关键词、浏览的页面和时间等。通过分析这些数据，推荐系统可以识别读者的兴趣和需求，并据此推荐相关的学术资源。例如，如果一个读者在一段时间内经常搜索关于"机器学习"的相关内容，推荐系统可以将该读者归为"机器学习"领域的潜在专家，并向他推荐最新的有关"机器学习"的专著、专文以及研究报告等。

除了根据读者的兴趣和需求推荐，推荐系统还会结合读者的搜索历史和点击行为，优化搜索排序。当读者在搜索框中输入关键词时，推荐系统会分析该关键词与读者之前搜索过的关键词之间的关联性，将与该关键词相关的，并且读者之前点击过的资源排在前面。

此外，推荐系统还可以通过分析大量的搜索和阅读行为，向读者推荐

当前热门或新兴的学术研究领域。这种方式可以帮助读者及时了解学术界的最新动态，发现新的研究趋势和机会。

对学习者而言，推荐系统会根据其学习历史和兴趣，为其推荐个性化的学习资源和路径。例如，根据一个学习者对计算机科学领域的兴趣，推荐系统可以为他推荐相关的课程、实验和项目，并为其规划一条高效的学习路径。

推荐系统是一种智能化的学习工具，可以帮助读者更好地发现学术资源、提高学习效率并发现新的研究领域。随着技术的不断发展，推荐系统将会越来越完善，为学习者提供更加精准和个性化的服务。

三、个性化服务与推荐系统在数字图书馆的实施

（一）读者画像构建

在数字图书馆的世界里，理解读者的需求和行为是首要的任务，因为这有助于数字图书馆相关人员提供更加个性化和高效的服务。为了实现这一目标，数字图书馆相关人员需要收集并分析读者的各种信息，进而构建一个细致而全面的读者画像。

读者信息的收集包括许多方面，如读者的检索历史、浏览行为、下载记录、标注行为等。读者在数字图书馆中的每一次搜索、浏览、下载或标注，都是数字图书馆相关人员了解他们的兴趣、需求和行为模式的机会。通过收集和分析这些信息，数字图书馆相关人员可以深入了解读者的兴趣偏好、研究方向、使用习惯等。例如，数字图书馆相关人员可以通过分析读者的检索历史，了解他们的研究兴趣和需求。如果读者经常搜索关于某一特定领域的信息，或经常浏览或下载某一类别的图书或文章，那么数字图书馆相关人员可以推测出他们对这一领域或这一类型的资源有需求。再结合年龄、性别、职业等信息，就可以构建出读者画像。

数字图书馆中的读者画像是一个持续不断的过程，需要不断地收集和分析读者的信息，以便及时更新读者画像，提供更加个性化和高效的服务。

（二）资源特征提取

为了提供个性化的服务，数字图书馆相关人员需要对数字资源进行深入分析和特征提取。这不仅要理解资源的内容，还要理解其上下文和关联。这些特征可以帮助数字图书馆相关人员更准确地理解资源的性质和价值，为后续的匹配和推荐提供依据。

对于学术文献，数字图书馆相关人员可以提取以下重点特征。

1. 作者

作者是一个重要的特征，因为作者的背景和经验会影响论文的质量和影响力。

2. 关键词

关键词是论文的重要组成部分，它们可以反映论文的主题和研究领域。

3. 引用网络

引用网络也可以提供有用的信息，因为引用关系可以反映论文之间的联系和影响。

对于电子书，数字图书馆相关人员可以提取以下重点特征。

（1）分类

分类可以帮助数字图书馆相关人员了解书刊的主题和类型，从而将其推荐给相应的读者。

（2）风格

风格可以帮助数字图书馆相关人员了解图书的写作方式和表达方式，从而为读者提供更符合他们阅读习惯的图书。

（3）受欢迎程度

受欢迎程度则可以反映图书的受众面和影响力情况，从而为读者提供更受欢迎的图书。

（三）匹配与推荐

有了读者画像和资源特征之后，下一步自然而然就是利用推荐算法将这两者进行匹配。推荐算法即根据读者画像和资源特征，计算出资源和读者之间的相关度或匹配度。常见的推荐算法包括协同过滤算法、基于内容的推荐算法、深度学习推荐算法等，它们各具特点，能够针对不同的场景和需求提供有效的推荐服务。

1. 协同过滤算法

协同过滤算法是一种基于读者行为分析的推荐算法，它通过分析读者的历史行为和行为习惯，找出与目标读者兴趣相似的其他读者，然后根据这些相似读者的喜好为目标读者提供推荐。这种算法在处理读者行为数据时具有较高的准确性和可靠性，因此在电商、电影、音乐等领域得到了广泛应用。

2. 基于内容的推荐算法

基于内容的推荐算法则是根据资源本身的特征进行分析和推荐，它通过对资源的属性、标签、内容等信息进行挖掘和分析，找出与目标读者兴趣相符的资源进行推荐。这种算法适用于具有丰富特征的资源，例如新闻、专题文章、音乐等，它可以帮助读者更快地找到自己感兴趣的内容。

3. 深度学习推荐算法

深度学习推荐算法则是近年来兴起的一种新型推荐算法，它利用深度学习技术对读者行为和资源特征进行建模和分析，从而更准确地预测读者的兴趣和行为。这种算法具有较高的灵活性和自适应性，能够处理复杂的读者行为和资源特征，提供更加精准的推荐服务。

经过匹配计算，数字图书馆相关人员可以生成一个或多个推荐列表，每一个列表都代表了一组读者可能感兴趣的资源。这些推荐列表可以按照不同的维度，如相关性、新鲜度、热门度等进行排序。同时，数字图书馆相关人员还可以根据实际情况对推荐算法进行调整和优化，以提高推荐质量和读者满意度。

利用推荐算法将读者画像和资源特征进行匹配是实现个性化推荐服务的关键步骤。通过深入了解和分析各种推荐算法的原理和应用场景，数字图书馆相关人员可以选择最适合自己的算法来提供精准的推荐服务。同时，数字图书馆相关人员还可以不断优化和改进算法，以适应不断变化的市场需求和读者行为，提高推荐服务的品质和效益。

（四）个性化界面与服务

首先，数字图书馆相关人员需要根据读者的兴趣和需求调整界面的主题和布局。例如，对于喜欢阅读文学作品的读者，数字图书馆相关人员可以将界面设置为温馨的暖色调，并在界面上展示更多关于文学作品的信息；对于喜欢科技的读者，数字图书馆相关人员则可以将界面设置为冷色调的极简风格，并在界面上展示更多关于科技类的信息。

其次，数字图书馆相关人员需要提供与读者研究方向高度相关的资源推荐。例如，对于正在撰写论文的读者，数字图书馆相关人员可以推荐与其研究方向相关的文献和资料，并为其提供一份详细的文献综述；对于正在准备考试的读者，数字图书馆相关人员则可以推荐与其考试科目相关的资料和试题，并为其提供一份备考攻略。

最后，数字图书馆相关人员需要根据读者的使用习惯调整检索算法的参数。例如，对于喜欢使用关键词搜索的读者，数字图书馆相关人员可以优化检索算法以更好地匹配关键词；对于喜欢使用布尔运算符搜索的读者，数字图书馆相关人员则可以提供更多的布尔运算符选项并优化算法以便更好地处理复杂的搜索请求。

四、实证分析与案例研究

以某大型学术数字图书馆为例，该图书馆藏有海量的学术资源，如研

究论文、专著、会议记录等。为了提升读者体验和资源利用效率，该图书馆引入了个性化服务与推荐系统。

（一）实践要点

在该图书馆中，读者首次登录时会被邀请填写一份简短的问卷，以收集其研究方向和兴趣。此后，读者的每一次检索、浏览和下载行为都会被记录并分析，以不断完善其读者画像。当读者在检索资源时，推荐系统会基于读者画像和资源的特征进行匹配，将最相关的结果优先展示给读者。

此外，当读者浏览某一资源时，系统会在侧边栏或底部推荐与其当前浏览资源相关的其他资源。为了提供更加个性化的体验，该图书馆还为读者提供了定制界面的功能。读者可以选择界面的主题、布局，甚至可以决定哪些功能模块应该出现在首页。

（二）效果评估

应用个性化服务与推荐系统后，该数字图书馆进行了一系列的效果评估。

1. 准确率

通过对比读者被推荐资源与其后续的实际行为（如下载、浏览时长等），发现推荐资源的准确率有了显著提升。这意味着读者被推荐的资源与其真实需求和兴趣更为匹配。

2. 召回率

召回率衡量的是推荐系统能够覆盖的读者真实兴趣的比例。在引入个性化服务后，该图书馆的召回率大幅提高，说明推荐系统能够覆盖更多读者的兴趣领域。

3. 读者满意度

通过定期的读者调研，图书馆发现读者对推荐资源和个性化服务的满意度明显提高。读者表示，他们感觉资源查找更加高效，而且图书馆更加"懂他们"。

第三节　数字图书馆的社交化服务与互动体验

在数字化时代，图书馆的角色和功能已经远远超出了传统的藏书和借阅服务。现代数字图书馆不仅提供海量的数字资源，更加注重读者的参与度和满意度。其中，社交化服务与互动体验成为数字图书馆发展的重要趋势，它们能够增强读者之间的交流和合作，促进知识的共享和创新。

一、社交化服务的定义与特点

社交化服务是指数字图书馆通过提供一系列社交功能和工具，促进读者之间的互动和协作。在数字化时代，社交化服务已经成为数字图书馆不可或缺的一部分。通过引入社交功能和工具，数字图书馆能够使读者更加便捷地交流信息、分享知识和资源，促进读者之间的联系和互动，并形成具有共同兴趣和目标的读者社区。读者可以在社交化服务中相互交流、分享资源、建立联系，并形成具有共同兴趣和目标的社区。社交化服务有助于增强读者的参与感和归属感，为数字图书馆带来更多活力和创新。这些服务通常具备交互性、社区化和共享性等特点。

（一）交互性

交互性是社交化服务最为突出的特点之一。读者可以通过评论、回复、点赞等方式与其他读者进行交流和互动，这种实时的、双向的交流方式使读者能够更加深入地参与到数字图书馆的活动中来。

（二）社区化

社区化是社交化服务的另一个重要特点。通过建立具有共同兴趣和目

标的社区，数字图书馆能够使读者更加便捷地找到自己感兴趣的信息和资源。同时，社区还能为读者提供更加深入的交流和互动平台。

（三）共享性

共享性是社交化服务的第三个特点。读者可以通过共享资源、信息、知识等方式与其他读者进行交流和互动。这种共享能够提高数字图书馆的资源利用率，促进读者间的交互，为读者提供更加丰富多样的信息来源。

为了更好地提供社交化服务，数字图书馆需要不断地完善其社交功能和工具，如引入更多的交互方式、加强社区管理、提高共享效率等。

二、数字图书馆中的社交化服务

（一）学术社区建设

在当下的信息化社会中，数字图书馆已经成为学术交流和知识传播的重要枢纽。它不仅为读者提供了丰富的学术资源，还为读者打造了一个全新的学术交流空间—— 一个汇集将全球学者、研究成果和思想观念的学术社区。这个学术社区的构建，使得跨越时空的学术交流成为可能。在这里，学者们可以自由地发表观点、分享研究成果，并与其他领域的专家交流探讨，深度合作。数字图书馆提供的这种学术社区，为学术界带来了诸多益处。

第一，它促进了学术合作。在这个平台上，学者们可以轻松地找到志同道合的合作伙伴，共同开展研究项目，实现资源共享和优势互补。这种合作模式有效地提高了研究效率，降低了研究成本，为学术界的发展注入了新的活力。

第二，它提高了学术成果的传播速度和影响力。通过这个平台，优秀的研究成果可以得到更广泛的传播和认可，进而产生更大的影响力。这不仅有助于提高学者的知名度和声誉，还有助于推动学术界的进步和发展。

第三，它有助于知识的传承和创新。在这个平台上，老一辈的学者将知识和经验传授给年轻一代，而年轻学者则可以通过交流和合作，激发新的思想和创新。这种知识的传承和创新，将不断推动学术界的发展和进步。

为了更好地发挥学术社区的作用，数字图书馆相关人员需要进一步加强平台的互动性和功能性。例如，引入更多的在线研讨会、讲座和学术论坛，以增加学者之间的交流机会；开发更智能的检索和推荐系统，帮助学者快速找到他们需要的信息和资源。同时，数字图书馆相关人员还需要提高数字图书馆的普及率和覆盖率。通过加强宣传和教育，让更多的学者和学生了解和使用数字图书馆，从而扩大其影响力和读者基础。此外，数字图书馆相关人员还可以通过与其他学术机构和数据库合作，丰富数字图书馆的内容和资源，提高其吸引力和竞争力。

（二）合作式学习空间

合作式学习空间是数字图书馆中一个非常重要的模块。这个空间旨在为读者提供一个共同学习的平台，让他们相互协作，分享知识和资源。在这个空间里，读者可以共同编辑文档、分享笔记和资源，不仅可以提高学习效率，还可以增进彼此之间的交流和合作。

合作式学习空间为读者提供了一个非常便捷的协作学习环境。在传统的课堂教学中，学生们常常需要相互讨论、分工合作来完成作业或项目。而数字图书馆的合作式学习空间恰恰为这种协作提供了场所。读者可以在这个空间里共同编辑文档，方便地进行文字、图片、音频和视频的插入和编辑。他们还可以分享笔记和资源，快速地获取和学习他人的经验和知识。这种协作学习的方式不仅可以提高学习效率，还可以培养读者的团队协作能力和沟通能力。

除了便捷的协作学习功能，合作式学习空间还具有促进知识共享和知

识创新的潜力。在这个空间里，读者不仅可以获取和分享资源，还可以进行深入的知识交流和互动，从而促进知识的传播和共享，更好地理解和掌握知识，利用空间中的资源和工具开展自主学习和创新实践。这种创新学习的模式可以培养读者的创新意识和实践能力，提高他们的综合素质。

为了更好地发挥合作式学习空间的作用，数字图书馆需要不断优化和完善这个功能。

首先，图书馆需要提供更加丰富、多样化的资源和工具，以满足读者不同的需求和学习风格。

其次，图书馆应该加强读者之间的互动和交流，鼓励他们积极参与合作式学习活动。

此外，图书馆还需要建立合理的评价机制和激励机制，对读者的协作学习和资源共享进行评估和奖励。

数字图书馆的合作式学习空间为提升学习效果和效率提供了新的途径，不仅可以促进知识共享和创新学习，还可以培养读者的团队协作能力和沟通能力。为了更好地发挥合作式学习空间的作用，图书馆需要不断优化和完善这个功能，提供更加丰富、多样化的资源和工具，加强读者之间的互动和交流，并建立合理的评价机制和激励机制。相信随着数字技术的不断发展，合作式学习空间将成为数字图书馆中一个更加重要和有价值的模块。

（三）资源共同标注与评论

数字图书馆允许读者对数字资源进行标注和评论这一功能，赋予了读者更多的参与权和表达空间，进一步丰富了资源的内容，并促进了读者之间的互动与交流。

读者对数字资源的标注和评论，犹如在知识海洋中立下灯塔，不仅有助于他人更好地发现和理解这些资源，也是读者间交流观点、分享思考的有效途径。这种基于数字资源的互动行为，建立起与资源相关的讨论和社交网络，使读者在获取知识的同时，也能感受他人的智慧和见解。例如，在一家知名的数字图书馆中，一位历史爱好者在阅读一本关于"二战"的历史著作时，对其中的一段描述有些疑问。他在书中标注了这一段落的最后一句话："这使得苏联在战争中的角色被严重低估。"他在下面评论道："我不同意这种看法，事实上……"这段标注和评论，不仅使得其他读者在阅读时能够注意到这个有争议的问题，同时也引发了一场关于"二战"历史的深入讨论。

标注和评论不仅在个人层面丰富了数字资源的内容，还在更广泛的层面上促进了读者之间的互动。在数字图书馆的平台上，读者可以就同一本书、同一篇文章、同一个知识点展开讨论，分享各自的观点和见解。这种互动不仅使读者间形成了紧密的联系，还进一步拓展了数字资源的内涵和外延。

此外，一些实证研究也表明，数字图书馆中的标注和评论能够显著提高读者的阅读体验和学习效果。一项针对学生群体的研究发现，当学生在阅读学术论文时，那些被标注和评论过的文章更容易引起学生的注意，从而帮助他们更好地理解和记忆文章中的内容。

（四）专家推荐与社交网络

数字图书馆为读者和专家搭建起一座互动交流的桥梁，为读者提供了与专家互动的机会，促进了专业知识和经验的分享。在数字图书馆中，读者可以关注自己感兴趣的专家的动态，与专家进行在线交流，向专家请教问题或分享自己的见解。这种互动方式使得读者可以及时获取专业领域的最新资讯和见解。

专家推荐与社交网络服务也为研究人员提供了一个获取权威建议、结识同行精英的平台。在这个平台上，学者们可以获得领域专家提供的专业推荐，了解最新的研究趋势、热点话题和发展动向。同时，通过社交网络服务，研究人员还能结识来自世界各地的同行精英，与他们深入交流、分

享经验心得。这种服务能够拓宽研究人员的学术视野，增强他们的学术影响力。

三、增强互动体验的关键技术与方法

为了提供更为卓越的社交化服务和互动体验，数字图书馆采纳了一系列关键的技术和方法。

（一）实时通信技术

实时通信技术为数字图书馆提供了一种即时、高效的交流方式。通过这种技术，读者可以随时随地与其他人进行实时的文字、语音甚至视频交流。这种即时性不仅有助于提高沟通效率，还能为读者带来身临其境的互动体验。

（二）个性化推荐算法

个性化推荐算法的应用则更为广泛。通过收集和分析读者的社交行为和兴趣偏好，数字图书馆能够为读者推荐与其兴趣相符的资源。这种个性化的推荐服务能够使读者更便捷地找到自己感兴趣的内容，从而提高读者的满意度。同时，个性化推荐还可以帮助读者发现新的资源和联系人，进一步扩大他们的社交圈子。

（三）可视化技术

可视化技术为数字图书馆提供了更直观、生动的资源展示和读者界面。通过这种技术，复杂的资源和信息可以借助图形、图像、动画等形式呈现给读者。这不仅使资源展示更加直观易懂，还能使读者在享受资源的同时获得更好的视觉享受。

（四）多终端支持

多终端支持确保了读者在任何终端设备上都能享受同样优质的社交化服务和互动体验。无论读者使用的是手机、电脑还是其他设备，他们都能享受数字图书馆的服务和功能。这种一致性不仅使读者更加便捷地获取信息，还能增强他们在不同场景下的互动体验。

（五）社交媒体平台和在线论坛

为了更好地满足读者的社交需求，数字图书馆引入了社交媒体平台和在线论坛等工具，为读者提供了一个分享观点、交流想法的平台。在社交媒体平台和在线论坛的帮助下，读者可以轻松地分享自己的观点和想法，并与他人进行深入的讨论。这种社交化的阅读和交流方式有助于提高读者的参与度和满意度，促进知识的传播和共享。

（六）虚拟现实和增强现实技术

数字图书馆还利用虚拟现实和增强现实等技术，为读者带来沉浸式的阅读和互动体验。为类技术的应用为数字图书馆带来了更多的可能性。通过这些技术，数字图书馆可以将虚拟的场景和对象与现实世界相结合，使读者能够更加直观、生动地获取信息和知识。例如，通过虚拟现实技术，读者可以身临其境地参观历史古迹或文化遗产。

四、数字图书馆社交化服务对学术研究的重要意义

（一）学术社区的意义

社交化服务中的学术社区建设为研究人员提供了一个互相交流、合作与学习的平台。在这个平台上，学者们可以分享研究成果、讨论学术问题、

交流研究心得，从而拓宽自己的研究视野，获取更多的学术灵感。同时，通过与同行建立联系，研究人员还能及时了解最新的学术动态，找到合适的合作伙伴，共同推动学术研究的进步。

（二）合作式学习空间的意义

合作式学习空间为研究人员提供了一个协同工作的环境。在这个环境中，学者们可以共同开展研究项目、撰写学术论文、开发研究工具等。通过互相协助，研究人员能够提高工作效率，减少重复劳动，避免不必要的资源浪费。同时，合作式学习空间还能帮助研究人员在合作中互相学习、共同成长。

（三）资源共同标注与评论的意义

资源共同标注与评论服务为研究人员提供了一个对学术资源进行评价、讨论与分享的平台。在这个平台上，学者们可以对数字图书馆中的文献、数据、图像等资源进行评价、标注与评论。通过这种方式，研究人员能够更好地发现有价值的信息资源，提高研究的质量与效率。同时，资源共同标注与评论还能帮助数字图书馆不断改进服务质量，满足读者的需求。

（四）专家推荐与社交网络服务的意义

专家推荐与社交网络服务为研究人员提供了一个获取权威建议、结识同行精英的平台。在这个平台上，学者们可以获得领域专家提供的专业推荐，了解最新的研究趋势、热点话题和发展动向。同时，通过社交网络服务，研究人员还能结识来自世界各地的同行精英，与他们深入交流、分享经验心得。这种服务能帮助研究人员拓宽学术视野，提高学术影响力。

五、持续完善社交化服务和互动体验的建议

社交化服务和互动体验是数字图书馆发展的重要方向，具有巨大的潜力和价值。在未来的发展中，数字图书馆应继续关注社交化服务与互动体验的发展趋势，不断拓展服务领域，提升服务质量，为读者提供更加优质的信息服务。为了更好地完善社交化服务与互动体验，数字图书馆还需要不断改进技术手段、健全服务体系。例如，加强网络安全保障、提高数据隐私保护水平；优化读者界面、提升读者体验；加强与其他信息机构的合作、共享资源等。简要列举以下几点建议。

（一）重视读者隐私和数据安全

在提升社交化服务和互动体验的过程中，数字图书馆还需要关注读者隐私和数据安全问题。读者的个人信息和学术数据是数字图书馆的重要资产，必须得到充分保护。因此，数字图书馆需要采取一系列措施来确保读者数据的安全性和隐私性，如数据加密、访问控制和读者授权等。

（二）集合各方优势资源

数字图书馆可通过合作与共建进一步完善社交化服务和互动体验，如与学术机构、科研院所、高校等开展合作，集合各方的优势资源，共同建设社交化服务和互动体验平台；与其他公共服务机构开展合作和联动，如与博物馆、美术馆、科技馆等机构开展合作，共同提供具有文化内涵和科技含量的社交化服务和互动体验。

（三）重视公众参与和读者反馈

数字图书馆可积极开展读者调研、征集读者意见和建议，组织线下交流活动等，充分了解读者的需求和期望，并及时调整和改进服务。通过这

种方式，数字图书馆能够更加贴近读者需求，提供更加符合他们期望的社交化服务和互动体验。

（四）积极探索新的合作模式

数字图书馆应积极探索新的合作模式，以促进社交化服务和互动体验的提升，如与相关企业、机构开展合作，共同开发具有创新性的社交化服务和互动体验产品；通过开放 API、SDK 等方式，与开发者社区开展合作，共同推动社交化服务和互动体验的创新和发展。

（五）注重专业人才培养和队伍建设

为了完善社交化服务和互动体验，数字图书馆还需要注重专业人才培养和队伍建设。由于社交化服务和互动体验涉及众多领域的知识和技能，如计算机科学、数据分析、心理学、社会学等，因此数字图书馆需要拥有一支具备多学科背景的专业团队。通过加强人才培养和队伍建设，数字图书馆能够不断提升自身的服务能力和竞争力。

总之，提升社交化服务和互动体验是数字图书馆发展的重要方向，需要不断探索新的服务模式、合作模式和技术手段。

第六章　数字图书馆的数字权益管理

第一节　数字资源的版权问题与数字化管理

在数字化时代，数字资源已经成为学术、文化和教育领域的基石。由于易于传播、便于存储以及快捷高效访问和使用方式，无论是学术研究人员在图书馆查阅资料，还是学生在家阅读电子书，数字资源都是首选平台。然而，随着数字资源的快速增长和广泛应用，相关的版权问题变得更加复杂和棘手。由于数字资源的复制和传播非常方便，盗版和侵权行为也变得更加普遍。这不仅侵犯了版权持有人的权益，也给数字图书馆的管理和利用带来了很大的挑战。如何在确保版权保护的同时，实现数字资源的高效管理和利用，成为数字图书馆领域亟待解决的问题。在这方面，以下技术和策略可以被采用。

比如，数字水印技术可以用来标识数字资源的版权信息，防止盗版和侵权行为。

又如，数字图书馆可以通过采用高效的资源组织和检索技术，提高数字资源的访问和利用效率。

再如，开放存取（Open Access）模式也可以被推广，以促进数字资源的共享和利用。

除了以上技术和策略，政策制定和教育宣传也是解决版权问题的重要手段。政府应该制定更加严格的版权法律和政策，以保护版权持有人的权益。同时，教育宣传也应该进一步加强，以提高公众对版权问题的认识和

重视程度。

一、数字资源的版权问题

（一）版权的定义与保护

版权是创作者对其作品的独占权利，是保护创作者权益的重要法律手段。在传统意义上，版权旨在防止他人未经许可地复制、分发或展示其作品，确保创作者能够获得自己作品的经济回报和名誉。然而，在数字环境下，由于资源被复制被传播的难度大大降低，版权保护面临着前所未有的挑战。

数字技术的进步使得作品的复制和传播变得非常容易，这也给版权保护带来了很大的困难。在没有版权保护的情况下，任何人都可以轻松地复制和分享他人的作品，这无疑会严重损害创作者的权益。因此，版权保护在数字环境下显得尤为重要。

然而，版权保护并不是没有挑战的。在平衡创作者权益和公众利益之间，版权法律需要找到一个平衡点。一方面，版权法律要保护创作者的权益，确保他们获得自己作品的经济回报和名誉；另一方面，版权法律也要考虑到公众的利益，确保公众能够获得足够的文化和信息。为了实现这个平衡，现行的版权法律制定了一系列的规定。例如，版权法律允许创作者在一定时间内对自己的作品独占性控制，同时也有一些例外情况，如合理使用、公共领域使用等。这些规定既保护了创作者的权益，也保障了公众的利益。

此外，为了更好地保护版权，各国政府也采取了一系列措施，如加强了对网络盗版行为的打击力度，加强了对数字版权管理的监管力度，等等。这些措施有效地保护了创作者的权益，也促进了数字文化产业的发展。

（二）数字资源版权问题的复杂性

随着数字技术的飞速发展和互联网的普及，数字资源已经成为人们获取、分享和传播信息的主要途径。在这个数字化的世界里，信息可以轻易地跨越时空的限制，让人们随时随地享受到各种服务。然而，数字资源的普及也带来了一个不可忽视的问题——数字资源版权问题。首先，数字图书馆相关人员需要了解数字资源的特性。数字资源具有可复制性、可传播性、可修改性等特点，这使得数字资源的版权问题变得异常复杂。在数字资源的世界里，信息的复制和传播变得轻而易举，但这也带来了盗版、侵权等问题。因此，数字图书馆相关人员需要更加重视数字资源的版权保护。然而，现有的版权法律体系对于数字资源的保护还不够完善。尽管版权法对于数字资源的保护做出了一些规定，但是由于数字资源的特性，这些规定往往难以适应实际情况。例如，对于数字图书的版权问题，由于数字图书的复制和传播非常容易，所以版权法的规定往往难以有效地保护作者的权益。此外，技术保护措施的有效性也是数字资源版权问题的一个重要方面。尽管技术保护措施可以有效地防止数字资源的盗版和侵权行为，但这些措施也可能对读者的合法权益造成一定的影响。例如，一些技术保护措施可能会限制读者对数字资源的正常使用，甚至可能会被恶意攻击者利用来窃取读者的个人信息。因此，数字图书馆相关人员需要更加全面地考虑数字资源版权问题。一方面，数字图书馆相关人员需要完善版权法律体系，加强对数字资源的保护力度。例如，数字图书馆相关人员可以制定更加具体的规定，明确数字资源版权问题的各个方面，同时也可以引入更加严格的惩罚措施来打击盗版和侵权行为。另一方面，数字图书馆相关人员也需要重视技术保护措施的有效性和读者的合法权益。例如，数字图书馆相关人员可以采取一些更加灵活的技术保护措施，既可以保护作者的权益，又不会对读者的合法权益造成太大的影响。数字资源的普及带来了许多便利，但同时也带来了数字资源版权这个不可忽视的问题。数字图书馆相关人员需要更加全面地考虑这个问题，加强法律和技术保

护措施的有效性，同时也要重视读者的合法权益。只有这样，数字图书馆相关人员才能真正地利用数字技术的优势，为人们提供更加优质的服务。

1. 数字资源的无损复制与迅速传播

数字资源的无损复制特性，为信息的传播速度带来了极大的提升，使得人们可以轻易地获取并分享信息。例如，通过电子邮件或社交媒体，数字图书馆相关人员可以轻松地将一个文件发送给成百上千名读者。此外，数字资源的品质不会随着复制次数的增加而降低，这意味着数字图书馆相关人员可以始终获取到不逊于原始品质的信息。但是，数字资源的这种特性也为未经授权的访问和使用提供了便利。

2. 跨国界传播与版权法律的地域性与全球性矛盾

互联网的出现使得数字资源的传播轻易跨越了国界。这带来了一个重要的问题：当这些资源跨越国界传播时，其他国家的读者能否合法访问和使用这些资源？这一问题的答案并不明确。因为各国的版权法律存在巨大的差异，如发达国家的版权保护法规往往比较严格，发展中国家的版权保护法规较为宽松。这使得数字资源的版权问题变得极为复杂，因为资源的传播者和使用者可能分布在世界的任何一个角落，而各地的法律差异导致难以统一管理和保护。更进一步，许多大型数字平台，如在线图书馆、音乐流媒体网站等，它们的受众群体往往遍布全球。这意味着这些平台需要面对各个国家不同的版权保护法规，这背后的难度和相应的成本投入都非常高。

数字资源的版权问题无疑是一个复杂且敏感的议题。随着技术的进步和全球互联网的普及，这个问题只会变得更加突出。为了解决这一问题，不仅需要法律界的努力，还需要技术界的支持，共同寻找一个既能保护版权所有者的权益，又能确保公众合理使用的平衡点。

（三）合理使用与侵权行为的界定

合理使用通常是指在某些特定情况下，为了批评、评论、研究或教学等目的而使用版权作品，而不构成侵权行为。然而，随着数字技术的不断发展，合理使用的界定也变得日益模糊。例如，大规模的数字复制、分享和链接是否构成合理使用，目前尚争执不下，没有定论。在数字环境下，版权作品的传播和利用方式发生了巨大的变化，何种方式属于合理使用，何种方式属于侵权行为，需要考虑多个因素。例如，对作品的传播和利用是否出于批评、评论、研究或教学等正当目的；传播和利用作品的数量、质量，是否与使用的目的相符，是否超出必要的限度；所传播和利用的作品，其性质、类型、发表状态及原创作者的创作意图等，对界定是合理使用还是侵权使用的影响；等等。数字链接的广泛使用也使得合理使用的界定变得更加困难。一些典型的案例也反映了数字资源版权问题的复杂性和敏感性。例如，Google Books 图书馆计划和 Napster 音乐分享服务等案例都涉及数字资源的版权问题。在这些案例中，版权作品的数字化复制、分享和链接是否合理使用，引发了广泛的争议。

为了解决这些争议，需要进一步探讨数字环境下合理使用的界定标准。这需要版权法学者、律师和相关从业者共同努力，结合数字技术的特点和实际案例进行分析和研究。同时，也需要广大公众提高版权意识，了解合理使用的边界和侵权行为的危害。

二、数字化管理对于版权问题的应对策略

（一）建立健全数字资源管理系统

在数字化时代，信息资源的价值日益凸显。如何有效管理这些资源，确保其安全、可靠、合法地被使用，成为一个重要的问题。完善的数字资源管理系统（DRMS），是解决这一问题的有效方案。借助这一系统，数字图书馆相关人员可以实现资源的统一存储、访问控制和版权追踪。

1. 统一存储

数字资源管理系统是一种对数字资源进行全面管理、控制和保护的系

统，涵盖了资源的收集、整理、存储、访问和使用等各个方面。通过这种系统，数字图书馆相关人员可以将各种类型的数字资源进行统一的存储和管理，确保它们的安全性和完整性。

2. 访问控制

访问控制是数字资源管理系统的一个重要功能。它能够确保只有获得授权的读者才能访问特定的资源，防止未经授权的访问和非法获取。这种控制机制是基于读者的身份、权限和访问级别来进行的，可以有效地保护数字资源的安全性和机密性。

3. 版权追踪

版权追踪是数字资源管理系统的另一个重要功能。在数字资源的使用过程中，该系统可以记录资源的每一次使用情况，包括使用时间、使用读者、使用方式等。这有助于数字图书馆相关人员实现对数字资源的版权保护，及时发现并防止盗版行为的发生。

此外，数字资源管理系统还有其他高级功能，比如，完成资源的分类、检索、分析等，帮助数字图书馆相关人员更好地管理和利用数字资源；提供丰富的接口和扩展性，能与其他系统进行集成和交互，满足不同领域和场景的需求。

通过建设完善的数字资源管理系统，数字图书馆相关人员可以实现对数字资源的全面管理和保护，提高数字资源的使用效率和管理水平。

（二）版权信息的标识与元数据管理

在当今数字化的时代，信息的传播和利用已经变得极为重要，数字资源的版权问题也日益凸显，版权元数据的添加则是解决这一问题的关键所在。

版权元数据，指的是那些能够明确数字资源版权状态和使用条件的数据，包括创作者、出版日期、许可协议等信息。通过这些数据，读者和管理员可以明确数字资源的版权归属和使用权限，从而在处理和访问这些资源时做出正确的决策。

此外，版权元数据还能帮助读者更好地了解数字资源的信息和价值，从而合法合规地利用这些资源。

数字资源的版权问题是一个复杂而又广泛的问题。随着网络技术和数字技术的不断发展，数字资源的数量和种类也不断增加，因此，通过添加版权元数据来明确数字资源的版权状态和使用条件，对于保护版权、防止侵权行为的发生具有重要的作用。

（三）许可协议与合同管理

数字图书馆作为现代科技与知识的交汇点，在为读者提供丰富多样的阅读资源的同时，也应积极维护着版权所有者的权益。目前，数字图书馆大多通过与内容提供者或版权所有者签订许可协议和合同来做相关约定，从而保护版权所有者和使用者的责权利。以下三项内容是签订许可协议、合同必须明确的条款。

第一，数字图书馆与版权所有者签订的许可协议和合同，要明确资源的使用方式，详细规定读者可以如何使用数字图书馆中的资源，如阅读、下载、复制、引用等。同时，协议还要明确指出读者使用资源的限制条件，如使用范围、使用时间等，从而确保资源不会被滥用或侵犯版权。

第二，这些协议和合同必须规定资源的范围。数字图书馆中的资源种类繁多，包括电子书、期刊论文、数据库等。通过与版权所有者签订协议和合同，数字图书馆可以确保所提供的资源仅限于已获得版权的范围，从而避免因提供未授权资源而引发版权纠纷。

第三，这些协议和合同还须规定资源的使用时间。数字图书馆中的资源并非永久提供，而是根据版权所有者的要求在约定的时间内提供。这确保了版权所有者的权益得到保障，同时也避免了因资源长期占用导致版权纠纷。

（四）技术保护措施

数字版权管理（DRM）技术，如加密技术、水印技术等，为限制未经授权的访问和复制提供了强有力的手段。这些技术将版权信息与数字内容紧密结合，数字内容一旦被非法复制或使用，版权所有者可以迅速采取措施保护自己的权益。

1. 加密技术

加密技术是数字版权管理中的重要一环。它通过对数字内容进行加密，使得未经授权的读者无法读取或复制该内容。例如，在流媒体平台上，版权所有者可以使用加密技术保护他们的视频和音频内容，确保只有经过授权的读者才能播放和下载。此外，一些加密技术还可以对读者的观看行为进行追踪。

2. 水印技术

水印技术也是一种有效的数字版权管理手段。与加密技术不同的是，水印技术将版权信息隐藏在数字内容中，使得版权所有者可以追踪和识别非法复制的内容。例如，在音乐文件中，版权所有者可以在音频信号中嵌入水印，以便在发现非法复制时能够迅速定位和采取行动。

除了加密和水印技术，访问控制和防火墙等其他技术也可以为数字资源提供额外的安全保障。访问控制可限制读者对特定数字资源的访问权限，确保只有经过授权的读者才能访问和利用这些资源；防火墙可监控网络流量，阻止未经授权的读者对内部网络资源的非法访问。

这些技术的综合应用不仅可以有效限制未经授权的访问和复制，还能为版权所有者提供更加有效的版权保护。然而，随着技术的不断发展，数字版权管理仍面临着诸多挑战。例如，一些黑客可能会利用漏洞破解加密保护，一些读者可能会使用虚拟专用网络（VPN）绕过访问控制，等等。因此，为了确保数字版权管理的有效性，数字图书馆相关人员仍需要不断探索和创新相关技术和方法。

第二节　数字水印技术与著作权保护

在数字化时代，随着互联网的普及和技术的进步，越来越多的文献被数字化并广泛传播。这些数字化文献包括电子书、学术论文、艺术作品等，它们的便捷性和可访问性极大地促进了知识的传播和交流。然而，这种便捷性也给著作权保护工作带来了巨大的挑战。未经授权的复制、盗版和篡改等行为，严重侵害了创作者的权益，破坏了创作生态的平衡。为了保护数字化文献的著作权，确保著作权人得到应有的权益，维护良好的创作环境，需要采取一系列措施。其中，数字水印技术作为一种有效的著作权保护手段，逐渐受到了广泛关注和应用。

一、数字水印技术概述

(一)数字水印技术的原理、分类、应用范围

数字水印属于尖端科技，涉及高深的信息隐藏技术。简单来说，数字水印是一种可以嵌入到数字产品中的独特信息，这种信息可以是文字、图像或音频等。它的主要目的是证明数字产品的版权归属，防止非法复制和盗用。

数字水印技术的工作原理可以概括为两个主要过程——水印的嵌入和水印的提取。在嵌入过程中，版权信息被编码并嵌入到原始文献中，通常在数字产品制作过程中就已经完成；提取过程则是通过特定的算法从嵌入水印的文献中提取出版权信息，这一过程需要在检测到水印的情况下进行。

根据可见性，数字水印可以分为可见水印和不可见水印。可见水印以肉眼可见的方式在文献中添加标记，以证明版权归属。然而，这种水印可能会干扰文献的正常使用和观看，因此并不总是适用。不可见水印通过隐

145

藏的方式嵌入信息，不会影响文献的正常使用和观看。这种水印对于保护版权更加有效，因为它不会干扰读者的使用体验。

数字水印技术的研究和应用已经得到了广泛的关注。随着数字媒体技术的发展和普及，数字水印技术也得到了更广泛的应用。在音频、图像和视频中应用数字水印技术可以有效地保护版权和防止非法复制。此外，数字水印技术还可以用于电子文档、电子书和电子期刊等数字出版物中，以保护版权，防止非法复制。

除了应用于版权保护方面，数字水印技术还可以应用于其他领域。

在信息安全领域，数字水印技术可将特定的信息嵌入到系统或应用程序中，创建独特的"指纹"，用于识别和追踪潜在的恶意软件或网络攻击，帮助安全专业人员快速定位和解决安全威胁。

在医疗领域，数字水印技术可以用于保护患者的隐私和防止医疗记录被篡改。例如，在电子病历系统中，可以将患者的个人信息作为数字水印嵌入到医疗记录中。这样，如果有人试图篡改或盗用医疗记录，数字水印可以提供有效的证据，确保患者隐私的安全。

此外，数字水印技术还有许多其他潜在的应用。例如，在物联网领域，数字水印可以用于追踪和识别物品，确保其真实性和来源；在智能家居领域，数字水印可以用于智能设备的安全认证和授权控制，保障家庭安全和隐私。数字水印技术还可以用于图像和视频的完整性验证，确保其未被篡改或修改。

（二）数字水印技术发展过程中的矛盾和问题

随着数字技术的飞速发展和广泛应用，数字水印技术作为一种有效的版权保护手段，正逐渐被人们所熟知和接受。然而，随着其普及度的提高，一些新的矛盾和问题也浮出水面。

1. 数字水印滥用问题

一些版权所有者可能会过度使用数字水印技术，给读者的使用和观看带来不必要的干扰和影响。因此，需要制定合理的法规和规范，对数字水印技术的使用进行约束和监督，确保其在保护版权的同时，不会对读者的使用体验造成负面影响。

2. 数字水印本身的安全问题

数字水印技术的安全性问题也不容忽视，如确保数字水印的不可篡改性和可追溯性。因此，需要不断研究和开发新的数字水印算法和技术，提高数字水印的安全性和可靠性，确保其能够在复杂多变的安全环境中发挥应有的作用。

3. 数字水印应用范围的拓展问题

随着数字媒体的不断发展，数字水印技术的应用范围也需要不断扩大，如在虚拟现实和增强现实的应用场景中加上数字水印技术。因此，需要不断探索新的应用场景和技术手段，推动数字水印技术的不断创新和发展，以适应数字媒体日新月异的发展趋势。

此外，对数字水印技术的教育和普及也至关重要。虽然数字水印技术已经得到了广泛的关注和应用，但仍然需要加强公众对数字水印技术的认知和理解。通过加强教育和普及工作，可以促进数字水印技术的合理使用和推广应用，提高公众对其重要性有更深入的认识和了解。同时，这也有助于增强公众对数字版权保护的意识，推动版权保护事业的发展。

二、数字水印技术在著作权保护中的应用

（一）用于数字著作的版权标识和防伪溯源

在生产、流通、消费等各个环节中，数字水印技术可以为产品提供唯一的标识和认证，从而实现防伪溯源。例如，在药品生产过程中，可以将药品的原材料、生产日期等信息嵌入到药品的数字水印中，以便在药品流通和使用过程中进行追踪和识别。如果发现药品存在质量问题或知识产权

纠纷，相关部门可以通过数字水印技术快速定位问题并采取相应的处理措施，从而保护消费者的权益和企业的知识产权。

（二）用于数字著作的网络信息安全保护

随着互联网的普及和信息技术的快速发展，网络信息安全问题日益突出，数字水印技术为解决这一问题提供了新的思路。数字水印技术通过将特定的信息嵌入到数字著作中，以保护版权和提供线索，同时可用于检测和识别网络中的恶意软件和攻击行为，追踪网络攻击的来源，为数字著作的网络安全提供预警和防范措施。

（三）用于数字著作的完整性保护

在数字媒体时代，多媒体数字著作数量庞大且易于被篡改。除了用于标识数字著作的版权信息，数字水印技术防止数字著作在传输、存储、播放等过程中被篡改，被盗用。如果发现作品被非法篡改或盗用，版权所有者可以通过数字水印技术快速定位并追踪篡改或盗版行为的源头，从而保护自己的权益。

三、数字水印技术的挑战与发展

（一）技术挑战

1.鲁棒性

鲁棒性，这个看似寻常的技术名词，实则是数字水印技术的核心要素之一，它代表数字水印数据系统的"坚韧"程度，即它能在多大的攻击下保持数字水印的完整性。

传统的水印技术通常将水印嵌入到内容的某一特定部分，但这种做法在面对各种攻击时显得有些脆弱。而分布式水印技术则将水印分散到数字内容的多个部分，就像是将一个秘密分散到各个角落，这样即使部分内容受到攻击或损失，其他部分的水印仍然可以被提取和识别。在这个过程中，自适应调整水印的嵌入策略就显得尤为重要了。例如，对于图像这种数字内容，可以根据图像的局部特性（如纹理、亮度等）来确定水印的嵌入强度和位置。这样做的好处是，在保证鲁棒性的同时，尽量减少水印对原内容的影响。

要提高鲁棒性，算法的设计就要更加复杂。这就像是一场精密的舞蹈，需要研究者精心设计各种数学变换、纠错编码和其他信号处理技术，以确保在各种恶意攻击下，水印都能安然无恙。数学变换，即研究者可以采用更复杂的数学变换方法，如傅里叶变换、小波变换等，来增强水印的鲁棒性。纠错编码，即采用纠错编码技术更好地应对噪声和干扰。这些技术需要相关人员具备专业的数学和信号处理知识，以及丰富的实践经验。

2. 不可见性

数字水印技术作为一种信息隐藏技术，其关键要求之一就是不可见。为了保持水印的不可见性，需要将水印嵌入到数字内容的深层结构中，同时确保其不会影响到内容的表面特征。这涉及以下三方面的要求。

（1）嵌入达到一定深度

要将水印嵌入到数字内容的深层结构中，涉及对信号处理和数据隐藏技术的深入理解。例如，可以利用 DCT（离散余弦变换）或 DWT（离散小波变换）等技术，将水印信息隐藏在数字内容的音频、视频或图像的细节中。这样，即使内容被处理或修改，其表面特征也不会暴露出水印的存在。

（2）与原始内容无异

要保证嵌入水印后的数字内容在感知上与原始内容无异。这涉及对人类感知系统的深入研究，特别是视觉和听觉系统。可通过实验和分析，探知人类这些系统的敏感程度，以便在不影响原始内容质量的前提下嵌入水印。

（3）优化算法，减少对原始内容的修改

优化算法是实现不可见性的关键。这些算法可以在嵌入水印时尽量减少对原始内容的修改，同时确保在受到攻击后仍能提取出水印。这需要对信号处理、数据隐藏和机器学习等领域的知识有深入的理解，并能够灵活应用这些知识来解决实际问题。

总之，数字水印技术的研发人员需要精通信号处理、数据隐藏和人类感知系统等领域的知识，并将其应用于实际的优化算法，从而确保数字水印技术在保证鲁棒性的同时，具有良好的不可见性。

3. 容量

随着数字内容的分辨率和复杂性的日益增加，水印信息的嵌入需求也在不断增加。为了满足这一需求，研究者们正在积极探索新的嵌入方法。其中，高频嵌入水印和多层水印是最为引人注目的。

（1）高频嵌入水印

在高频嵌入方法中，研究者们试图在数字内容的高频部分嵌入水印信息。这些部分通常包含更多的细节和信息，因此可以容纳更多的水印信息。这种方法不仅可以增加水印容量，还可以提高水印的鲁棒性。因为高频部分通常包含更多的重要信息，所以这种方法可以使水印信息更加难以被删除或篡改。

（2）多层水印

多层水印也是一种非常有效的技术。在这种技术中，可以在数字内容的不同层次上嵌入多个水印。这样，每个层次都可以携带一部分信息，从而增加整体的水印容量。这种技术的关键在于如何有效地将多个水印嵌入到数字内容的各个层次中，并保证它们之间的互不影响。

为了提高嵌入效率，研究者们还在探索使用更先进的编码技术。例如，更高效的数据压缩和纠错编码算法可以使得嵌入过程更加隐蔽和不易被察觉，即对原始数据做一定处理，使得水印信息可以更加巧妙地嵌入到数字内容中，同时保证数字内容的完整性和可读性。

（二）法律挑战

1. 证据效力

数字水印在数字版权纠纷中起着至关重要的作用，被视为证明版权归属的关键证据。然而，在法庭上，仅仅存在数字水印并不足以证明版权，还需要建立一个可靠的验证机制，以确保水印从嵌入到提取的过程中始终保持完整和真实。

数字水印与版权内容的关联性也是法庭需要考虑的重要因素。为了证明水印与原始版权内容有关联，需要采用标准的验证流程和工具，以确保在任何环境下提取和验证水印都有一致的结果。此外，还需要有标准化的验证流程和工具，以确保在任何环境下提取和验证水印都有一致的结果。为了实现这一目标，研究者与法律专家需要合作，制定出水印技术的标准验证流程，并确保这些流程在法庭上得到认可。

除了以上因素，数字水印的有效性还受到多种因素的影响。例如，不同的数字内容类型、不同的水印技术、不同的应用场景等都可能影响水印的有效性和可提取性。因此，在应用数字水印技术时，需要针对具体的应用场景选择合适的水印技术，并制定相应的验证流程和方案。此外，数字水印的应用也需要考虑版权保护的国际法规和规定。不同国家和地区对数字版权保护的规定不尽相同，因此需要在应用数字水印技术时考虑到这些差异。

2. 法律适应

科技飞速发展，数字水印技术的进步远快于法律的适应。在当前的法律体系中，数字水印技术面临着诸多挑战。

第一，技术的更新换代与法律空白之间存在明显的不匹配。随着数字水印技术的不断进步，新的应用和技术可能超出了现有法律的规定范围，导致法律上的空白或不确定性。这不仅使得法律难以对这种行为进行规范，也使得权益方难以寻求法律保护。

第二，跨国界的法律问题也是数字水印技术所面临的挑战之一。由于

数字内容易于跨国传播，但各国的法律法规存在差异，如何统一数字水印在国与国之间的法律效力是一个问题。这需要各国之间进行深入的法律交流和合作，共同制定出适合全球数字水印的法律框架。

第三，隐私与版权的平衡问题也是数字水印技术所面临的挑战之一。为了增强水印的鲁棒性，可能需要收集和分析读者的某些数据。这涉及读者隐私与版权保护的平衡问题。如何在保护读者隐私的同时，确保版权得到有效保护，是一个需要深思熟虑的问题。

总之，为了适应技术进步，法律界需要与技术界保持紧密合作，确保法律能够为技术发展提供合适的框架，同时也保障公众的利益。此外，对企业和个人开发者来说，了解和研究当前的法律环境也是至关重要的。在开发和应用数字水印技术时，需要确保遵守法律法规，同时也要注意保护自己的权益，避免无意中触犯法律。

（三）未来发展方向

1. 多模态水印

随着技术的飞速发展和跨模态交互的日益普及，多模态水印技术应运而生，成为数字水印领域的热门研究方向。多模态水印技术通过巧妙地结合多种感官特征进行水印嵌入和提取，使得数字水印的安全性和鲁棒性得到了进一步提高。

首先，多感官特征融合是多模态水印技术的一大特点。该技术利用视觉、听觉、触觉等多种感官特征进行水印嵌入。在图像中嵌入视觉水印，同时在音频中嵌入听觉水印，通过多感官特征的融合，使得水印在遭受攻击或篡改时更难被察觉和破坏。这种多模态的融合不仅提高了水印的抗干扰能力，也使得水印更加隐蔽，难以被恶意攻击者发现和去除。

其次，多模态数据同步也是多模态水印技术的关键特性之一。例如，在视频中同时嵌入视觉和听觉水印，通过时间戳等机制确保不同模态下的水印信息能够正确对应和同步提取。这种同步性确保了在跨模态交互中的水印信息的一致性，使得攻击者无法通过单一模态的篡改来蒙混过关。

此外，多模态水印技术的发展将为数字内容的保护提供更加全面和可靠的手段。无论是对静态图像、动态视频还是音频，多模态水印技术都能提供有效的保护措施。这将有效应对各种攻击和篡改行为，保障数字内容的真实性和完整性。

多模态水印技术的出现是技术和需求共同推动的结果。随着跨模态交互的普及和数字内容安全需求的增长，多模态水印技术将在未来的数字水印领域中发挥越来越重要的作用。

2. 智能水印

随着人工智能技术的飞速发展，将其应用于数字水印领域，实现智能水印的自适应嵌入和提取，已成为一个备受关注的重要发展方向。

在数字水印技术中，智能水印的自适应嵌入是指利用深度学习、神经网络等人工智能技术，对数字内容进行特征分析，并预测最佳的水印嵌入位置和参数。通过自适应地选择嵌入策略，智能水印能够在保持不可见性的同时，提高鲁棒性和抗攻击能力。这一过程不仅需要考虑数字内容本身的特征，还需要考虑攻击类型、嵌入数据等多种因素。因此，智能水印技术的核心在于利用人工智能技术对数字内容进行深入分析，以实现最佳的嵌入策略。

除了自适应嵌入，智能水印的提取和识别也是一项重要的技术。利用人工智能技术，可以实现自动、准确的水印提取和识别，降低传统方法中人工参与的程度，提高工作效率和准确性。这一过程中，深度学习模型的应用至关重要。通过对大量数字内容及其对应的攻击类型进行分析，智能水印技术可以不断优化嵌入和提取算法，提高水印的性能和适应性。

此外，智能水印技术还具有数据驱动的优化能力。通过对大量数据进行学习，智能水印技术可以不断优化自身的性能，提高鲁棒性和抗攻击能力。这种数据驱动的优化过程可以使得智能水印技术在面对不同类型的攻击时，仍然能够保持良好的性能。智能水印技术的发展将实现更高级别的自动化和智能化，大大增强数字水印技术的实用性和效能。

第七章 数字图书馆的评估与质量管理

第一节 数字图书馆服务质量评估与指标体系

数字图书馆以其独特的优势，为人们提供了更加便捷、高效的知识获取方式。然而，随着数字图书馆的快速发展，如何保证并提高服务质量成为一个亟待解决的问题。为了解决这个问题，建立一个科学、全面的数字图书馆服务质量评估与指标体系显得尤为重要。这个体系应该包括资源建设、服务流程、服务质量等多个方面，能够全面评估数字图书馆的服务水平和质量，及时发现问题和不足，采取措施加以改进和完善。

一、数字图书馆服务质量评估的理论基础

（一）服务质量评估的基本理念

服务质量评估是现代服务业中至关重要的一环，其基本理念是以客户或读者的需求为导向，对服务的整体过程、结果和影响进行系统、客观的评价。这种评价不仅关注服务的直接产出，还关注读者在接受服务过程中的体验和感受，更着眼于服务的长远影响和潜在价值。

在实践中，服务质量评估通常涉及对服务提供者进行全面的考察和分析，包括员工素质、服务流程、设施环境、读者反馈等方面。评估过程中，收集和分析数据至关重要，这些数据可以帮助服务提供者识别优势和不足，提供改进方向和策略，从而针对性地提升服务质量。服务质量评估的目标

不仅在于提高服务提供者的效率和质量，更在于提高读者的满意度和忠诚度。而读者在接受服务的过程中，不仅会关注服务的实际效果，更重视服务过程中的体验和感受。因此，服务质量评估应将读者满意度作为重要指标，以读者反馈作为评价依据，不断优化服务流程和提升服务质量，做到以下两点。

第一，服务质量评估需要具备科学性和系统性，采用多种方法，包括调查问卷、实地观察、深度访谈等，以确保数据的真实性和可靠性。同时，评估结果应及时反馈给服务提供者，以便其根据评价结果进行改进。

第二，服务质量评估应具备前瞻性和战略性。除了关注当前的服务质量和读者满意度，还应预测未来的市场需求和发展趋势，提供长远的发展规划和战略建议。

服务质量评估是以客户或读者需求为导向，对服务的整体过程、结果和影响进行全面、客观的评价。通过科学、系统地实施服务质量评估，可以帮助服务提供者提高效率和质量，提升读者满意度和忠诚度，最终实现服务质量的持续提升和读者的全面发展。

（二）数字图书馆服务的特殊性和要求

数字图书馆服务是基于信息技术的，因此它具有一些与其他服务不同的特殊性，具体表现如下。

第一，数字图书馆服务具有高度的技术性和专业性。这要求服务提供者具备信息技术的基础知识，以及对数字资源的处理、存储和访问的能力。此外，数字图书馆服务还需要不断更新和升级，以适应不断变化的信息技术环境和读者需求。

第二，数字图书馆服务的核心是数字资源，这些资源应具有权威性、时效性、丰富性等特点，以满足读者的学术和科研需求。数字图书馆的数字资源不仅包括传统的文献资料，还包括各种数字化的多媒体资料，如音频、视频、数据集等。这些数字资源需要经过专业的筛选、组织和处理，

以确保其质量和可靠性。此外，数字资源的时效性也是非常重要的，因为读者需要获取最新的资料来满足其学术和科研需求。

第三，数字图书馆服务具有便捷性、高效性和友好性。读者需要通过互联网或其他数字设备访问数字图书馆的资源，因此服务提供者需要确保读者能够方便快捷地获取所需资源。为了实现这一目标，数字图书馆需要提供多种访问方式和接口，以满足不同读者的需求和技术条件。

第四，数字图书馆还需要提供高效、友好的服务环境，包括快速响应、个性化服务等，以帮助读者更好地利用数字图书馆的资源。

第五，为了满足读者的学术和科研需求，数字图书馆还提供各种增值服务，如文献检索、论文查重、数据分析等。这些服务需要经过专业的设计和开发，以确保其质量和效率。此外，数字图书馆还需要不断更新和升级其服务模式和功能，以适应不断变化的信息技术环境和读者需求。

数字图书馆服务是现代社会中不可或缺的一部分，它为人们提供了一个方便、快捷、全面的知识获取平台。在数字图书馆服务中，资源丰富性、技术先进性和读者友好性是三个核心要素，它们共同决定了数字图书馆服务的质量和水平。

1. 资源丰富性是数字图书馆服务的核心

一个优秀的数字图书馆应该涵盖多个领域，如历史、文学、科学、艺术等，并且提供多种类型的资源，如电子书、电子期刊、视频讲座、音频文件等。这些资源不仅数量庞大，而且质量也得到了充分的保障。读者可以在一个平台上获取到丰富多样的知识，节省了宝贵的时间和精力。例如，读者可以通过数字图书馆搜索到大量的经典文学作品，或者了解到最新的科学研究成果。

2. 技术先进性是数字图书馆服务的保障

数字图书馆需要采用先进的技术手段，如云计算、大数据分析、人工智能等，确保服务的稳定性和安全性。这些技术手段能提高数字图书馆的存储和检索效率，实现自动化管理、智能化推荐等功能，提高服务效率和质量。例如，通过大数据分析技术，数字图书馆可以了解读者的阅读习惯和需求，从而为他们推荐更加合适的阅读资源。

3. 读者友好性是数字图书馆服务的重点

数字图书馆应该关注读者需求，通过人性化的设计、个性化的推荐等功能，使读者可以轻松地获取到适合自己的资源。同时，数字图书馆还应该提供 24 小时在线客服，及时解决读者的问题和疑惑，提高读者满意度。例如，数字图书馆可以通过智能推荐系统为读者推荐他们可能感兴趣的资源，或者通过在线客服为读者提供及时的帮助。为了更好地满足读者需求，数字图书馆服务还需要不断进行优化和改进。例如，可以通过增加更多的互动功能，让读者参与到数字图书馆的建设中来，或者通过开展线上活动，增强读者的阅读体验和参与度。

(三) 数字图书馆服务质量评估的指导原则

1. 以读者为中心

（1）出发点

在评估数字图书馆服务质量时，首先要明确读者的需求和期望，这是评估数字图书馆服务质量的基石，只有明确了读者的需求和期望，才能有针对性地改进和提高服务质量。

简而言之，读者的需求，是指他们在使用数字图书馆时所期望得到的服务和功能；读者的期望，则是指他们对这些服务和功能的期望水平。这可以通过读者调研、访谈、问卷等方式收集数据。

（2）落脚点

数字图书馆服务的最终目的是满足读者的需求和期望，因此读者的满意度是评估服务质量的关键指标。

读者满意度，是指读者对数字图书馆提供的服务和功能是否满意，以及他们的期望是否得到满足，可采用以下方式衡量。

第一，读者反馈。读者反馈是指读者对数字图书馆使用的感受和意见，

可以通过调查问卷、在线评论等方式获取。

第二，评分。评分是指读者对数字图书馆提供的服务和功能进行评分，可以通过打分系统或者评级系统获取。

第三，使用频率。使用频率是指读者使用数字图书馆的频率，可以通过系统记录或者统计数据获取。

通过以上方式了解读者的满意度，从而评估数字图书馆的服务质量。如果读者的满意度高，那么数字图书馆的服务质量就高；如果读者的满意度低，那么数字图书馆就需要采取措施改进服务质量，以满足读者的需求和期望。

总之，数字图书馆应定期与读者沟通，确保服务始终与读者需求相匹配。

2. 客观公正

第一，采用科学、经过验证的评估模型，以确保评估工具的有效性和可靠性。这些模型通常基于深入的研究和实证数据，能够全面、客观地评估被评估对象的各个方面。

第二，定期验证和更新评估工具，确保其与最新的研究和实践保持一致。

第三，避免主观偏见。评估过程中，评估人员要杜绝外部因素干扰，公正客观地对待每一个评估环节。为此，可采取相应的措施。例如：对评估数据进行盲审处理，避免作者等因素对评估结果的影响；采用同行评审制度，让多个专家共同参与评估；公开评估结果和过程，接受外部监督和质疑；等等。只有客观公正的评估才能确保数据的真实性和可信度，为后续的改进提供准确的方向。

3. 全面系统

评估数字图书馆的服务质量时，需要做到全方位系统化，包括但不限于以下指标。

第一，资源的数量和质量是评估的重要基础。数字图书馆的资源数量应该能够满足读者的需求，同时资源质量也应该得到保障。例如，可以考察这些资源的来源是否可靠、是否经过了权威的审核等。

第二，资源的更新频率也是评估的一个重要指标，因为这意味着数字图书馆是否能够及时提供最新的信息。

第三，技术平台也是评估的重要环节。数字图书馆的稳定性、安全性和易用性是读者使用过程中最为关注的几个方面。如果平台经常出现故障或者安全性存在问题，那么读者可能会对数字图书馆失去信心。因此，在评估时需要考虑这些方面是否达到一定的标准。

第四，除了资源和技术，读者体验也是评估的重要环节。数字图书馆的界面设计、搜索功能、交互设计等都会影响读者的使用体验。如果这些方面不够优秀，那么读者可能会感到使用数字图书馆不够方便或者不够高效。因此，在评估时需要考虑这些方面是否达到了读者的需求和期望。

第五，除了以上几个方面，评估数字图书馆还需要遵循一定的原则。这些原则包括：评估指标具有可操作性、客观性和可重复性；评估方法具有科学性和公正性；评估结果具有可接受性和可解释性；等等。这些原则确保了评估的可靠性和有效性，使得评估结果更加具有说服力。

4. 定量与定性相结合

在评估数字图书馆服务质量时，需要考虑两种截然不同的数据类型，即定量数据和定性描述。这两者犹如人的左右手，相互配合，相得益彰，以更全面、更深入的视角展现服务的真实情况。

定量数据，就像评估人员的左手，是那些具体、可量化的指标，如访问量、下载量、搜索次数等。这些数据可提供明确的数量指标，让评估人员清楚地了解读者对服务的实际使用情况。例如，一个数字图书馆的月访问量达到 10 万次，这无疑是一个明确的数量指标，显示了读者对服务的较高需求和依赖度。同样，下载量和搜索次数也可以帮助评估人员判断读者对资源的需求和搜索行为模式。定量数据具有明确性和可比较性，能够提供客观的评估标准，是评估服务质量的重要依据。

定性描述，就像评估人员的右手，是那些难以用数字衡量的主观体验和反馈，如读者访谈中的感受、意见、建议等。这些描述可以为评估人员提供更深入、主观的体验反馈，帮助评估人员理解读者对服务的使用体验、满意度以及改进建议。例如，在读者访谈中，评估人员可能会听到一些关于界面设计、资源更新速度、搜索准确度等方面的反馈和建议，明示了服务的优势和不足之处，为改进服务提供了宝贵的参考。

需要注意：过度依赖定量数据可能导致评估人员忽视定性描述的重要性。定量数据虽然能够提供客观的指标，但有时会让人陷入数字迷雾，忽视读者的主观体验和反馈。而定性描述则能够为数字图书馆相关人员提供更深入的理解和洞察，帮助数字图书馆相关人员看到服务的全貌。因此，在评估数字图书馆服务时，既要重视定量数据的客观性，也要重视定性描述的主观性和深入性。定量数据和定性描述是数字图书馆相关人员在评估数字图书馆服务时不可或缺的两种方法。只有将它们结合起来，数字图书馆相关人员才能更全面地了解服务的真实情况，为改进服务提供有力的依据。

5. 持续改进

第一，评估结果应用。评估并不是为了得出一个分数，而是为了发现服务中的不足，有针对性地改进，从而提高服务质量，以满足读者的需求。因此，评估结果的应用尤为重要，是持续改进的第一步。

根据评估结果，数字图书馆应正视问题，如资源更新速度慢、信息检索效率低、读者界面不够友好等，并针对问题制定具体的改进措施。以资源更新速度为例：若评估结果显示部分资源未能及时更新，应尽快查明原因，是资金不足？还是人力资源短缺？或是技术能力不够？随后制定相应的改进措施，如加大资金投入、招聘相关人才或提升技术能力等，以确保资源能够及时更新。

第二，不断完善。随着技术的发展和读者需求的变化，数字图书馆应持续跟进，确保服务始终保持在高水平，与时俱进，与读者需求和行业标准保持同步。以读者界面友好程度为例，数字图书馆应不断关注读者的需求变化，了解读者对界面的期望和意见。根据读者的反馈和行业标准，不断优化界面设计，提高界面的易用性和读者体验。此外，图书馆还应关注技术的更新换代，及时引入新的技术手段，提高服务的智能化、个性化水平，以满足读者不断变化的需求。

评估结果的应用和不断完善是数字图书馆服务质量提升的关键。只有通过深入分析评估结果，找出服务中的不足并采取有效措施进行改进，同时持续关注读者需求和技术发展，数字图书馆才能不断提升服务质量，满足读者的需求。

二、数字图书馆服务质量评估指标体系构建

（一）指标体系的设计原则和目标

在设计数字图书馆服务质量评估指标体系时，需要遵循一定的原则，以确保评估结果的科学性、客观性和可操作性。主要原则包括以下三个。

1. 全面性原则

在构建数字图书馆服务的指标体系时，数字图书馆相关人员需要充分考虑服务的各个方面，以确保所有重要的指标都被涵盖在内。这需要从数字图书馆服务的不同角度深入分析，如资源建设、服务质量、读者满意度等，以确保不遗漏任何重要的指标。

首先，在资源建设方面，数字图书馆相关人员需要关注数字图书馆的资源数量和质量。这包括各类文献资源的数量和覆盖面，如图书、期刊、论文等，以及资源的更新频率和时效性。此外，还需要考虑资源的类型和格式，例如电子书、音频、视频等多媒体资源，以及资源的获取方式和使用权限等。

其次，在服务质量方面，数字图书馆相关人员需要关注数字图书馆的

服务质量和效率。这包括服务的可用性和稳定性，如网站访问速度、系统安全性和故障率等，以及服务的便捷性和舒适性，如读者界面设计、信息检索功能和个性化服务等。此外，还需要考虑服务的专业性和创新性，例如信息素养培训、科研支持、新技术应用等。

最后，在读者满意度方面，数字图书馆相关人员需要关注数字图书馆的读者体验和反馈。这包括读者对数字图书馆的认知和信任度，如品牌形象、宣传推广和口碑等，以及读者对数字图书馆的满意度和忠诚度，如使用频率、持续性和推荐给他人等。此外，还需要考虑读者的反馈和建议，例如通过调查问卷、在线评论和社交媒体等渠道收集读者意见和建议。

构建数字图书馆服务的指标体系需要从资源建设、服务质量和读者满意度等多个角度进行深入分析，以确保不遗漏任何重要的指标。同时，数字图书馆相关人员还需要根据实际情况适当调整和完善指标体系，以适应数字图书馆服务的发展和变化。

2. 可操作性原则

在评估工作的实际操作中，选择的指标应该能够被易于量化和测量。这意味着评估人员需要选择具有明确定义和可操作性的指标，避免使用模糊不清或难以量化的概念。例如，如果选择"客户满意度"作为评估指标，那么评估人员需要明确如何收集客户反馈、如何统计和分析数据，以及如何将结果转化为可以比较的数值。这样的指标不仅易于操作，而且能够准确地反映工作的实际情况。

同时，数字图书馆相关人员还需要考虑数据获取的难易程度和可靠性。如果数据难以获取或者可靠性不高，那就可能对评估工作的准确性和可行性产生负面影响。

此外，评估人员还需要关注指标的背景信息。不同的工作在不同的背景下进行，因此评估人员需要根据具体的背景选择适当的指标。例如，在评估客户服务质量时，可能需要考虑不同客户群体的反馈，而不是仅仅关注某个特定的群体。

3.导向性原则

要提高数字图书馆的服务质量，建立科学合理的指标体系至关重要。这个指标体系要体现数字图书馆服务的发展方向和目标，具体要求主要包括以下内容。

第一，指标体系的建立要从读者需求和行业发展趋势出发。这需要深入了解读者的需求和期望，包括他们对信息类型、信息获取方式、服务质量等方面的需求。同时，还需要关注行业发展趋势，了解数字图书馆在国内外的发展现状和未来发展方向。通过深入调研和分析，制定符合实际情况的指标，引导数字图书馆服务向更高的水平发展。

第二，指标体系要根据实际情况不断调整和优化。随着数字图书馆服务的不断发展和变化，指标体系也需要不断更新和优化。这需要数字图书馆密切关注服务过程中出现的问题和不足，及时调整和改进指标体系，以适应数字图书馆服务的变化和发展。同时，为了提高指标体系的科学性和合理性，还要充分借鉴国内外相关领域的研究成果和实践经验。可以引入一些先进的评估方法和模型，如平衡计分卡、关键绩效指标等，结合数字图书馆的实际情况进行应用和改进。

第三，指标体系还要注重可操作性和可量化性。每个指标都应该具有明确的定义和计算方法，以便在实际操作中能够客观、准确地评估数字图书馆的服务质量。同时，指标体系的设计也需要考虑到实际操作中的可行性和可操作性，以确保评估工作的顺利进行。

（二）一级指标的确定

一级指标是构建数字图书馆服务质量评估指标体的核心构成部分。针对数字图书馆的特性，可以将一级指标设定为以下三个方面。

1.资源内容质量

第一，资源的权威性是评估资源内容质量的重要指标。资源的权威性取决于来源，如知名的学术期刊、政府出版物，或是行业专家的著作等。

这些来源通常具有较高的学术价值和社会影响力，可以为数字图书馆提供有价值的学术资源和最新的研究成果。同时，资源的权威性还体现在其内容的可靠性和准确性上。数字图书馆应该确保所提供的资源是真实、准确无误的，没有任何篡改或错误。

第二，资源的准确性也是评估资源内容质量的重要因素。读者需要获取准确无误的信息来满足自身需求，因此数字图书馆必须确保所提供的资源是准确的。这可以通过多种方式实现，如对资源进行严格的筛选和审核，使用专业的编辑和校对人员，引入先进的文本比对和查重技术，等等。

第三，资源的时效性也是评估资源内容质量的重要方面。随着科技的发展和社会的进步，知识和信息的更新速度越来越快，数字图书馆必须能够提供最新的知识和信息才能满足读者的需求。因此，资源的时效性应该得到重视，数字图书馆可以通过定期更新资源库、与资源提供者保持紧密联系，或者引入实时的更新机制等方式来提高资源的时效性。

除了以上几个方面，评估资源内容质量还可以引入专业领域内的专家学者来参与。专家学者的专业知识和经验可以为数字图书馆提供更为准确和客观的评价。他们可以对资源的内容进行深入的分析和研究，从而为数字图书馆提供有价值的建议和反馈。

2. 技术平台质量

技术平台在数字图书馆中扮演着至关重要的角色，直接关系到图书馆的服务质量和读者体验。一个稳定、高效的技术平台可以显著提升读者满意度，并提高数字图书馆的整体运行效率。技术平台的质量可从以下几个方面进行评估。

第一，系统的响应速度是评估技术平台质量的重要指标之一。在数字图书馆中，读者的需求和查询通常是非常多样化的，因此，系统能够快速响应读者的请求是提高读者体验的关键。测试系统的响应速度，能确保读者快速获取所需资源，避免等待时间过长。

第二，系统的可用性也是评估技术平台质量的重要方面。数字图书馆的稳定性和可靠性对于读者体验至关重要。如果系统经常出现故障或不稳定，将会使读者无法正常使用图书馆的资源和服务，从而影响读者满意度。

第三，系统的安全性也是评估技术平台质量的重要因素。在数字图书馆中，读者的信息和数据是非常敏感的，因此必须确保系统的安全性。对系统的安全性进行评估，可以防止读者的信息和数据泄露或被篡改，从而使读者能够放心地使用数字图书馆的资源和服务。

第四，引入读者反馈和技术指标等数据进行定量评估。读者反馈可以帮助图书馆了解读者对技术平台的满意度和使用体验，从而有针对性地改进和优化平台。同时，技术指标也可以提供关于系统性能、负载、故障率等方面的数据，帮助图书馆对技术平台进行更全面的评估和优化。

3. 提高读者体验和服务质量

在数字图书馆评估中，读者体验质量是一个至关重要的环节。良好的读者体验能够显著提高读者的使用黏性和满意度，进而促进数字图书馆的持续发展。评判读者体验的指标主要包括以下几项。

第一，界面设计是影响读者体验的直观因素。一个美观、易用且人性化的界面设计，能够使读者在第一时间感受到数字图书馆的友好性和便利性。在评估界面设计时，要关注颜色的搭配、布局的合理性、字体大小和间距的适宜程度，以及图标和按钮的直观性。一个优秀的界面设计应该能够在使用过程中引导读者，减少不必要的操作和困惑。

第二，交互性是评估读者体验质量的另一个关键因素。读者与系统的交互体验直接决定了读者对数字图书馆的满意度。在评估交互性时，要关注搜索、浏览、下载等操作的效率和准确性。一个优秀的交互系统应该能够快速响应读者的请求，提供准确的信息和结果，同时具备反馈机制，使读者能够了解操作的状态和结果。

第三，便捷性是评估读者体验质量的另一个方面。数字图书馆的使用便捷程度直接影响了读者的使用意愿和频率。在评估便捷性时，要关注登

录、下载、上传等操作流程的顺畅度和易用性。

一个优秀的便捷系统应该能够在使用过程中减少读者的操作步骤和时间成本，使数字图书馆成为读者获取信息资源的首选途径。

(三) 二级指标和具体评估标准的制定

1. 资源更新频率

数字资源的更新频率是否足够高，以确保读者能够获取到最新的学术成果，这是一个值得探讨的问题。数字资源的更新频率是指一定时间内数字资源的更新数量。这个更新频率是否足够高，直接影响到读者能否获取到最新的学术成果。

评估数字资源的更新频率，可采取统计一定时间内数字资源更新数量的方法。具体来说，可以选取某个学科领域的数字资源平台，统计其上数字资源的更新数量，例如一个月内更新的论文、专著等。然后，将统计结果与该领域的其他资源平台进行比较，也可以与该领域的学科发展速度进行比较。

一般来说，数字资源的更新频率越高，读者获取最新学术成果的保障就越高。然而，这并不意味着更新频率越高越好。过高的更新频率可能会导致读者无法跟上数字资源的发展步伐，从而影响其获取知识的效率。因此，要根据学科领域的发展速度和读者的需求来确定合适的更新频率。

虽然更新频率高可以确保读者获得最新的学术资源，但是这些资源的质量不一定能够得到保证。因此，除了关注更新频率，还需要对数字资源的更新质量进行评估。这可以通过对更新的论文、专著等进行内容质量评估、引用次数等数据进行综合分析来实现。

评估数字资源的更新频率是否足够高需要综合考虑多个因素。除了统计一定时间内数字资源的更新数量，还需要关注更新质量、学科发展速度以及读者需求等多个方面。只有这样，才能确保读者能够获取到最新的、高质量的学术资源。

2.检索准确性

数字图书馆的检索系统是否能够准确地找到读者所需资源，可以通过读者查询的正确率和系统返回的相关度进行评估。

读者查询的正确率，是指读者输入的查询关键词是否与所需资源的内容相关。如果读者查询的关键词与所需资源的内容不相关，那么检索系统就无法准确地找到读者所需资源，即使系统返回的相关度再高也没有用。因此，提高读者查询的正确率是提高数字图书馆检索系统准确性的关键。

系统返回的相关度，是指检索系统根据读者输入的查询关键词返回的资源与读者所需资源的相关程度。如果系统返回的资源与读者所需资源不相关，那么即使读者查询的关键词与所需资源的内容相关，读者也无法得到准确的结果。因此，提高系统返回的相关度也是提高数字图书馆检索系统准确性的重要因素。为了提高数字图书馆检索系统的准确性，可以采取以下措施。

（1）提高读者查询的正确率

提高读者查询的正确率，可通过提供查询帮助和提示，引导读者输入正确的查询关键词。例如，可以提供一些常见的查询关键词和相关的解释说明，或者提供一些查询示例，帮助读者更好地理解所需资源的主题和内容。

（2）提高系统返回的相关度

提高系统返回的相关度，可通过对数字图书馆的资源进行更加精细的分类和标注来实现。例如，对数字图书馆的资源进行语义分析和实体识别，将资源与相关的主题和实体进行标注和分类，使系统能更加准确地理解读者输入的查询关键词，并返回更加相关的资源。

（3）采用先进的检索算法和技术

可以采用一些先进的检索算法和技术来提高数字图书馆检索系统的准确性。例如，可以采用基于内容的检索算法来对数字图书馆的资源进行更加深入的分析和挖掘，从而得到更加准确的查询结果。

3. 界面友好程度

数字图书馆的界面设计是一个关键因素，它决定了读者与图书馆之间的交互体验。一个好的界面设计应该具备简洁明了、易于使用的特点，这样才能够让读者轻松自如地浏览和获取所需的资源。评估数字图书馆的界面是否简洁明了、易于使用，可从以下几个方面入手。

第一，读者反馈。是评估界面设计的重要依据。数字图书馆应提供反馈渠道，以便读者能随时提出对界面的意见和建议。通过收集和分析读者反馈，图书馆可以不断优化界面设计，提高读者体验。

第二，界面设计。界面设计是影响界面易用性的关键因素之一。好的界面设计应该具有清晰的布局和简洁的色彩搭配，这样才能够使读者一目了然。

第三，与读者心理和行为习惯的契合度。数字图书馆的界面设计还应该符合读者的心理和行为习惯，例如提供明显的导航条和搜索框等。

第四，操作流程。操作流程也是评估界面易用性的重要指标。数字图书馆应该尽可能地简化操作流程，减轻读者的认知负荷。例如，通过智能化的推荐系统和快捷的检索方式等提高读者获取资源的效率。

4. 系统稳定性

数字图书馆的技术平台是否稳定可靠，能否保证服务的持续可用性，是评估其质量优劣的重要标准。

第一，数字图书馆的技术平台必须具备高度稳定性和可靠性。因为系统一旦出现故障，不仅会影响读者的使用体验，还可能导致重要数据的丢失或损坏。因此，选择成熟的技术和稳定的系统是至关重要的。同时，备份和恢复系统也是保证服务持续可用性的关键。

第二，考察系统的故障率是评估技术平台稳定性的有效方式之一。故障率的高低反映系统的稳定性和可靠性的高低。低故障率意味着系统更加稳定可靠，能够更好地保证服务的持续可用性。

第三，使用情况也是评估技术平台的重要因素之一。通过了解读者的使用情况，可以了解读者对系统的满意度、使用频率、使用时长等信息。这些信息可以帮助数字图书馆相关人员更好地了解系统的性能和可靠性，更好地满足读者需求。

5. 互动性

读者反馈是评估数字图书馆服务质量的重要依据。读者对数字图书馆的满意度、使用体验以及改进意见等信息，能为图书馆了解和改进自身服务提供宝贵的参考，也有助于进一步提高读者满意度和忠诚度。为了确保读者反馈机制的有效性，数字图书馆需要采取多种方式收集读者反馈，如在线调查问卷、留言板、社交媒体等。同时，对于收集到的反馈，数字图书馆要及时分析并给出回应，以体现其重视读者意见的态度。

在线咨询是数字图书馆提供的一种重要互动性功能，它可以帮助读者解决在使用过程中遇到的问题。通过在线咨询，读者可以随时向图书馆工作人员寻求帮助，工作人员则可以及时回答读者的问题。

评估在线咨询的响应速度和使用率，是判断其服务质量的关键因素。响应速度越快，说明工作人员对读者问题的关注度越高；使用率越高，则说明在线咨询的功能越受读者欢迎。

以某大型数字图书馆为例。调查数据显示，该数字图书馆的读者满意度较高，主要得益于其良好的读者反馈机制和高效的在线咨询功能。首先，该馆非常重视读者反馈，通过多种渠道收集读者意见。例如，在官方网站上设置了在线调查问卷，并在留言板和社交媒体上长期关注读者的评论和反馈。其次，该馆定期组织线下活动，邀请读者参加座谈会或问卷调查，面对面地了解读者需求。最后，该馆的在线咨询功能备受读者好评。工作人员对读者的提问总是及时回应，并提供详细的问题解决方案。统计数据显示，该馆在线咨询的响应速度和使用率均处于行业领先地位。这不仅体现了图书馆对读者的关注和照顾，还提高了读者对数字图书馆的信任度和依赖度。

提供良好的读者反馈机制和在线咨询等互动性功能对数字图书馆的可

持续发展至关重要，考察读者反馈、在线咨询的响应速度和使用率等，可准确评估数字图书馆的服务水准。未来，随着技术的不断进步和读者需求的变化，数字图书馆应继续关注并优化这些互动性功能。例如，引入人工智能技术提高在线咨询的效率，通过数据分析进一步挖掘读者需求，为改进服务提供更多有价值的信息。

6. 便捷性

第一，对于读者来说，资源导航的便捷性非常重要。一个良好的资源导航系统可以让读者在复杂的知识资源库中找到他们需要的资源，节省他们的时间和精力。例如，如果数字图书馆能够根据读者的需求和兴趣提供个性化的推荐和检索服务，那么读者就能更快地找到他们需要的资源。

第二，如果数字图书馆的资源导航系统能够清晰地展示资源的分类和组织结构，那么读者就能快速准确地理解资源的分布和关系，从而更好地利用这些资源。

第三，操作简便性也是数字图书馆成功的关键因素之一。如果数字图书馆的操作流程过于复杂，读者可能会感到困惑和沮丧，甚至放弃使用。因此，数字图书馆应该提供简单易用的操作界面和流程，让读者能够轻松地完成他们的任务。例如，数字图书馆应该支持多种常用的操作系统和浏览器，并提供灵活的搜索和浏览选项，以便满足不同读者的需求。

第四，数字图书馆还应该提供在线帮助和反馈机制，以便读者在遇到问题时能够及时得到帮助和支持。读者反馈是评估数字图书馆性能的重要指标之一。通过收集读者的反馈和建议，数字图书馆相关人员可以了解读者对数字图书馆的满意度和需求，从而进行改进和优化。

第五，对数字图书馆的操作流程进行复杂度评估，以确保其简单易用。同时，也可以对数字图书馆的资源导航系统进行准确性评估，以确保读者能够准确地找到他们需要的资源。便捷的资源导航和操作简便性是数字图书馆成功的关键因素之一。为了提高数字图书馆的性能和读者体验，数字图书馆相关人员需要不断优化和完善数字图书馆的操作界面、搜索和浏览选项、个性化推荐和检索服务等方面。同时，数字图书馆相关人员也需要不断收集读者的反馈和建议，以便更好地满足他们的需求。

三、数字图书馆服务质量评估方法

（一）常用评估方法介绍

1. 问卷调查

问卷调查是一种以问卷为工具，通过向特定群体发放并收集问卷数据来进行评估的方法。在数字图书馆领域，问卷调查被广泛用于了解读者和员工对服务质量的感受和看法。这种方法的优点在于能快速、便捷地收集大量数据，还能对数据进行定性和定量分析。

在数字图书馆领域，问卷调查可以帮助数字图书馆相关人员了解读者的需求、偏好和满意度。通过向读者发放问卷，数字图书馆相关人员可以收集到读者对图书馆的资源、服务和设施等方面的反馈。这些反馈不仅可以用于改进服务质量，还可以用于评估图书馆的绩效和效益。此外，问卷调查还有助于数字图书馆了解员工对工作的感受和看法，为提高工作效率和员工满意度提供依据。

为了确保问卷调查的有效性，需要设计合理的问卷，选择合适的样本，并采用适当的统计分析方法。

在问卷设计过程中，要根据研究目的和受众特点选择适当的问卷题型和内容，还要考虑如何保护被调查者的隐私、如何提高问卷的回收率。

在样本选择方面，数字图书馆相关人员需要根据研究目的和资源限制来选择合适的样本量和样本类型。

在统计分析方面，数字图书馆相关人员需要根据数据特点选择合适的统计方法和工具，并对结果进行合理的解释和解读。

问卷调查是一种有效的研究方法，可以帮助数字图书馆相关人员了解

数字图书馆的读者和员工对服务质量的感受和看法。通过合理的设计和实施，数字图书馆相关人员可以收集到有价值的数据，为改进服务和提高绩效提供依据。同时，数字图书馆相关人员也需要关注问卷调查的局限性和不足之处，如样本选择偏差、数据质量不高等问题，从而更好地发挥问卷调查在数字图书馆研究中的作用。

2. 专家评审

在评估数字图书馆服务质量的众多方法中，专家评审因其深入、全面和权威性而备受推崇。这种方法邀请来自相关行业的专家，凭借他们的丰富经验和专业知识，对数字图书馆服务的各个方面进行深入分析和评价。

（1）专家评审的步骤

为了确保评审的准确性和客观性，专家们的参与和严谨的评审标准制定是必不可少的。专家评审大致按以下步骤进行。

第一，确定评审专家。在确定评审专家时，要选择那些在图书馆学、信息科学或相关领域具有丰富经验和专业知识的专家。他们的专业背景和经验将为评审过程提供宝贵的专业意见。同时，专家的选择应该考虑到他们的独立性和公正性，以确保评审结果的公正和客观。

第二，制定评审标准。制定评审标准是评审过程中的重要环节。根据数字图书馆服务的特性，评审标准应包括资源多样性、检索效率、读者界面友好性、信息安全等方面。这些标准应明确、具体，并能够量化，以便专家们在评估过程中有统一的标准可循。

第三，实施评审。在实施评审阶段，专家们根据评审标准对数字图书馆服务质量逐项评估。在评估过程中，专家们应给出相应的评分和建议，以量化评估结果。这些建议应包括对数字图书馆服务的改进方向和具体措施，为数字图书馆管理者提供明确的指导。汇总分析阶段，需要对所有专家的评分进行汇总和分析。这包括计算各项指标的平均分和总体评价。通过统计和分析，可以得出数字图书馆服务在各个方面的整体表现和综合评价。

第四，反馈评审结果。将评审结果反馈给数字图书馆管理者，帮助他们发现不足之处并加以改进。反馈应包括具体的评分结果、专家的建议和改进方向等关键信息。这样，数字图书馆管理者可以根据反馈结果，有针对性地改进服务质量，提升读者满意度。

第五，定期修订评审标准。定期进行评审标准的修订和更新，可确保评审过程始终与数字图书馆服务的发展趋势保持同步，为数字图书馆的持续优化提供支持。

通过确定具有专业背景和丰富经验的评审专家、制定严谨的评审标准、实施评估、汇总分析以及反馈改进等步骤，可以形成一个全面、客观的数字图书馆服务质量评审过程。这样的评审过程不仅有助于提高数字图书馆服务的质量和效率，还能为图书馆管理者提供决策支持，推动数字图书馆事业的持续发展。

（2）专家评审的权威性

在当今社会，随着各行各业的快速发展，专家评审变得越来越重要。专家评审集合了众多领域专家的智慧和经验，使得评估结果具有很高的权威性。这种权威性不仅得到了广大专业人士的认可，还为行业发展提供了强有力的支持。

首先，专家评审的权威性体现在其深入性上。专家们会对服务的每个方面进行深入分析和评价，从而发现潜在问题并提供解决方案。这种深入性不仅有助于企业及时发现并解决问题，还能够为企业的未来发展提供有价值的建议。例如，在医疗行业中，专家评审能够对医院的治疗方案、护理流程等深入分析和评价，从而为医院提供改进方案。

其次，专家评审的权威性还体现在其全面性上。专家评审不仅关注技术层面，还涉及管理、读者需求等方面，使得评估结果更加全面。这种全面性能够让企业了解到自身的优势和劣势，从而更好地制定发展策略。例如，在金融行业中，专家评审不仅关注银行的技术系统，还关注其风险管理、客户服务等方面，从而为银行的全面发展提供有价值的

建议。

此外，专家评审的权威性还与其背景和经验有关。参与评审的专家通常具有丰富的实践经验和专业知识，能够对行业发展趋势、市场竞争等方面进行深入分析和预测。这种背景和经验能够让企业了解到自身的位置和发展方向，从而更好地应对市场变化。通过参与专家评审，企业能够了解到自身的优势和劣势，从而更好地制定发展策略。同时，专家评审也为行业发展提供了强有力的支持，为推动行业的健康发展做出了重要贡献。

（3）专家评审主观性和时效性问题的解决

数字图书馆服务的评审过程中，专家的主观性和时效性问题是需要特别关注并解决的。

主观性是一个重要的问题。专家的个人偏好和经验可能会对评审结果产生影响。例如，一个专家可能会更倾向于选择自己熟悉的服务，或者对于某种特定类型的服务有先入为主的偏见。为了降低主观性对评审结果的影响，可以采取多人共同评审的方式，即多个专家共同评审，取平均分以减小单个专家的影响；也可以在评审过程中引入更多的客观指标，如服务的使用数据、读者反馈等，从而减少主观性的影响。

时效性也是一个需要考虑的问题。随着技术的快速发展，数字图书馆服务也在不断变化。因此，评审结果也需要及时更新以反映最新的服务状况。为了确保评审结果的时效性，需要定期进行评审，并及时调整评审标准和指标。这样，评审结果才能反映出数字图书馆服务的最新发展和变化。

此外，成本也是需要考虑的问题。邀请众多专家参与评审需要一定的时间和经济成本。为了降低成本，可采用在线评审的方式，从而节省专家的时间和精力。

在选择评审专家时，要合理选择具有代表性的专家，以确保评审结果的公正客观。

（二）常用评估方法的优缺点和适用范围

1. 问卷调查的优缺点和适用范围

优点：能直接收集到大量读者的意见和感受，并且结果具有代表性和客观性，能获得读者对产品或服务的真实反馈。比如，在教育领域，学校可以发放问卷调查，了解学生对教师教学的评价，从而帮助教师改进教学方法；在医疗领域，医院可以发放问卷调查，了解患者对医生诊疗的满意度，从而帮助医生提升服务质量。

缺点：首先，问卷的设计和样本的选择都可能影响调查结果的客观性和准确性。如果问卷设计不合理，或者样本选择不具有代表性，那么调查结果可能会存在偏差。其次，由于问卷调查是一种自填式的调查方式，受访者可能会受到自身主观因素的影响，从而影响到调查结果的准确性。

适用范围：尽管存在客观性和准确性问题，问卷调查仍然有着广泛的适用范围。它可以用于大规模的读者满意度调查，了解读者对产品或服务的整体评价。优化问卷设计和样本选择，可以有效减少主观性和片面性对调查结果的影响。

2. 专家评审的优缺点和适用范围

优点：评估结果具有权威性和专业性，能够对产品或服务的优缺点进行深入剖析。专家具有丰富的专业知识和经验，能从专业角度对产品或服务进行评估，提供有针对性的建议和意见。

缺点：首先，专家评审的结果可能会受到专家个人经验和主观观点的影响，存在主观偏见。其次，专家评审的过程可能缺乏透明度和规范性，导致评估结果不够客观和公正。最后，专家评审的成本相对较高，需要投入大量的人力和物力资源。

适用范围：专家评审适用于同类对比评价，以及各种专项、主题评价。

（三）构建综合评估模型

为了更全面、客观地评估数字图书馆的服务质量，可以构建一个综合

评估模型。该模型将结合问卷调查、专家评审和案例分析等多种评估方法，可充分利用各种方法的优点并弥补其缺点。综合评估模型的构建步骤如下。

1. 明确评估目标与范围

评估数字图书馆的服务质量，首先要明确评估目标，确定评估的目的和范围，为后续的评估工作提供指导。

2. 设计评估指标体系

明确目标之后，就需要设计评估指标体系，即根据评估目标选择合适的一级指标和二级指标，并制定相应的评估标准。例如，一级指标可以包括资源丰富度、读者满意度、信息检索速度等，而二级指标则可以细化为资源的种类、数量、更新速度、读者对信息检索的准确度和速度的评价、检索失败的原因等。

3. 选择评估方法

综合考虑各种方法的优缺点，确定每种方法的具体应用范围和权重。例如，通过问卷调查了解读者对数字图书馆的满意度和反馈，通过专家评审对资源的丰富度和质量进行评价，通过案例分析了解信息检索失败的原因和改进方案，通过问卷调查、专家评审和案例分析等方法收集、整理、统计和分析数据，得出各项指标的评估结果。这些结果将为综合评估提供重要的参考依据。

4. 综合评估与结果分析

将各种方法得到的评估结果进行加权平均或综合集成，得出数字图书馆服务质量的综合评估结果。这个结果将帮助数字图书馆相关人员全面了解数字图书馆的服务质量水平。

通过对结果进行深入分析综合评估结果，针对存在的问题和不足，提出相应的改进建议和发展策略，以提升数字图书馆的服务质量。例如，如果发现资源的丰富度和质量有待提高，数字图书馆相关人员可以增加资源的采购量，提高资源的质量；如果发现读者满意度不高，数字图书馆相关人员可以改进读者界面设计，提高信息检索的速度和准确度等。

四、数字图书馆服务质量提升策略

（一）分析存在的问题和不足

数字图书馆服务在给人们带来便利的同时，也存在着一些问题和不足。通过综合评估，数字图书馆相关人员可以发现这些问题并加以改进。

第一，数字图书馆的资源内容可能存在更新不及时、权威性不足等问题。在互联网时代，信息更新速度极快，如果数字图书馆不能及时更新资源内容，就可能失去读者的信任。

第二，一些数字图书馆的资源内容可能来自不同的来源，其中有些内容可能不是权威性的，这也会影响数字图书馆的权威性和服务质量。

第三，数字图书馆的技术平台可能存在系统不稳定、响应慢等情况。数字图书馆的资源数量庞大，如果技术平台不稳定或响应慢，就会影响读者的使用体验。

第四，如果数字图书馆的技术平台不能有效地保护读者的隐私和数据安全，也会使读者对数字图书馆失去信任。

第五，数字图书馆的读者体验方面可能存在界面不友好、操作复杂等问题。对于读者来说，一个友好、简洁的界面和简单的操作流程是非常重要的。如果数字图书馆的界面不友好、操作复杂，就会使读者感到不便，影响读者的使用体验和满意度。

上述问题直接影响到数字图书馆的服务质量和读者满意度，需要采取措施予以解决。例如，加强资源内容的更新和审核，提高数字图书馆的权威性；加强技术平台的建设和维护，提高系统的稳定性和响应速度；优化读者界面和操作流程，改善读者体验。此外，还可以通过调查问卷、读者反馈等方式收集读者的意见和建议，了解读者的需求和期望，从而更好地改进数字图书馆的服务。

（二）针对性的服务质量提升策略和建议

1. 优化资源建设

确保数字资源的权威性和准确性，更好地服务于广大的科研人员，要从以下几方面入手。

第一，与权威学术机构合作，确保数字资源的权威性和准确性。权威学术机构拥有丰富的学术资源，并且能保证资源的质量。通过与其进行合作，数字图书馆可获取到更加准确、全面的学术资源，从而更好地服务于广大的科研人员。例如，一些国际性的学术机构，如哈佛大学、斯坦福大学等，已经将自己的学术资源进行了数字化，并且不断进行更新，为全球的科研人员提供了极大的便利。

第二，加强资源的更新频率，确保读者及时获得最新的学术资源。这可以通过多种方式实现，例如建立专业的团队，定期更新和整理学术资源；利用现代技术手段，如人工智能，自动抓取最新的学术资源；积极关注学术界的最新动态和热点话题，及时更新和补充资源库。

第三，根据读者反馈，对资源进行优化组织和导航。这需要数字图书馆相关人员对读者的行为进行分析，了解其需求，从而为其提供更加个性化的资源推荐服务；对资源的组织和导航方式进行改进，使其更加符合读者的使用习惯。例如，一些学术搜索引擎就提供了这样的服务，读者可以根据自己的需求对搜索结果进行排序和筛选，更加便捷地找到自己需要的资源。

2. 改进技术平台

随着科技的飞速发展，数字图书馆已经成为人们获取信息的重要途径。然而，要保证数字图书馆的持续、稳定和安全运行，必须对其技术平台进行不断优化。优化数字图书馆的技术平台可从以下几方面入手。

（1）优化硬件设备

数字图书馆的硬件设备是保证系统稳定性和响应速度的基础。为了满

足日益增长的读者需求，必须对硬件设备进行升级和维护。具体来说，可以采取以下措施

第一，增加服务器数量。根据数字图书馆的规模和需求，增加服务器数量可以提高系统的处理能力和稳定性。

第二，升级存储设备。存储设备是数字图书馆的重要组成部分，升级存储设备可以提高数据的安全性和访问速度。

第三，优化网络设备。网络设备是数字图书馆与外界进行信息交互的关键，优化网络设备可以提高数据传输速度和稳定性。

（2）优化技术软件

除了升级硬件设备，引入先进技术也是优化数字图书馆技术平台的重要手段。例如，可以引入以下技术。

第一，云计算技术。云计算技术可以提供弹性的计算和存储资源，提高数字图书馆的资源利用率和响应速度。

第二，大数据技术。大数据技术可以对海量数据进行快速处理和分析，帮助数字图书馆更好地满足读者需求。

第三，人工智能技术。人工智能技术可以自动化处理一些重复性工作，提高数字图书馆的工作效率和服务质量。

（3）优化安全保护

数字图书馆的技术平台必须具备高度的安全性和可靠性，以保护读者隐私和数字资源的安全。为了达到这个目标，可以采取以下措施。

第一，建立完善的安全管理制度。制定严格的安全管理制度，规范员工的行为和操作流程，避免因人为因素导致的技术故障。

第二，安装防护设备。安装防火墙、入侵检测系统等防护设备，可以有效防止黑客攻击和病毒入侵。

第三，对数据进行备份和恢复。定期对数据进行备份和恢复，可以保证数据的安全性和完整性。

第四，加强读者隐私保护。通过加密技术、匿名化处理等手段，保护

读者的个人隐私信息不被泄露。

（4）优化服务体验

优化数字图书馆的技术平台不仅仅是为了保证系统的稳定性和安全性，更重要的是为了提供更好的服务体验。为了达到这个目标，可以采取以下措施。

第一，引入读者反馈机制。通过读者反馈机制，了解读者的需求和意见，针对性地进行改进和优化。

第二，提高系统的易用性。简化操作流程，降低使用门槛，让更多读者能够轻松地使用数字图书馆的资源和服务。

第三，提供个性化的推荐服务。利用大数据和人工智能技术，根据读者的兴趣和需求，为其提供个性化的推荐服务。

第四，建立良好的读者社区。通过读者社区，与读者进行互动和交流，了解他们的需求和反馈，及时解决问题和改进服务。

优化数字图书馆的技术平台是保证其持续、稳定和安全运行的关键。通过升级硬件设备、引入先进技术、加强安全防护以及持续优化服务体验等多种手段，可以不断提升数字图书馆的技术水平和服务质量，更好地满足读者的需求。

第二节　数字资源的质量控制与维护

一、数字资源的质量控制

（一）数字资源质量标准的制定

1.制定数字资源的规范性质量标准

制定数字资源的规范性质量标准，需要规范元数据的格式和资源的组织结构。元数据是描述数字资源的重要信息，包括资源的名称、作者、出版日期等。规范元数据的格式可以确保不同资源之间的兼容性和互操作性，避免出现错误和混乱。规范资源组织结构，可以确保数字资源的分类和标签系统的一致性和逻辑性。

2. 制定数字资源的内容性质量标准

制定数字资源的内容性质量标准，需要确保资源内容的准确性、权威性和时效性。准确性要求数字资源的内容必须与实际情况相符，不能有任何虚假或误导性的信息。权威性要求数字资源的作者或来源必须具有相应的专业资质或信誉，资源必须可靠和可信。时效性要求数字资源的内容必须及时更新和维护，以反映最新的情况和变化。

（二）质量控制流程

1. 资源采集阶段的质量控制

在资源采集阶段，数字图书馆相关人员要对来源的可靠性和权威性严格把关。采集的资源应当来自政府机构、学术研究机构或行业协会权威、专业机构等。

2. 资源加工阶段的质量控制

在资源加工阶段，数字图书馆相关人员要对采集到的资源进行内容校对，确保资源的内容准确无误，没有错别字、语法错误、知识性错误、事实性错误等。同时，数字图书馆相关人员还要对资源的格式进行规范化处理，使其符合通用的规范和标准。

3. 资源发布阶段的质量控制

在资源发布阶段，数字图书馆相关人员要确保资源的可读性和可访问性。资源的可读性，即文本语言流畅，清晰易懂，符合读者的阅读习惯和语言水平。可访问性，即资源能够被所有读者无障碍地获取和使用，包括但不限于视觉障碍、听觉障碍和身体障碍的读者。为此，数字图书馆相关人员需要对发布的资源进行最后的审核和测试。

此外，数字图书馆相关人员还可以通过一些方法和工具来提高数字资源的质量。例如，利用数据挖掘和机器学习等技术对数字资源进行分析和处理，更好地发现和纠正错误；参考相关的标准和规范，如学术出版物质量标准、网页设计规范等，来指导质量把控工作。

（三）质量控制技术与方法

1. 自动化检测工具

自动化检测工具能快速、准确地检查资源的格式、元数据等基本信息，帮助数字图书馆相关人员提高工作效率，减少人工干预的错误。例如，一些工具可以检测文档的语法、拼写错误，或是检查数据的一致性，确保数据的准确性。同时，这些工具还能对资源进行初步的内容分析，例如情感分析、主题分类等，为后续的人工审核提供有力的支持。

然而，自动化检测工具虽然强大，也有其局限性。在某些方面，如语义理解、文化背景的理解等方面，机器还无法完全替代人类。因此，人工审核和专家评审成为弥补这一缺陷的重要手段。

2. 人工审核和专家评审

人工审核能够更深入地检查资源的内容质量，确保其准确性和时效性。专家评审则能够从专业角度出发，对资源进行更为精准的分析和评估，提供更具针对性的建议和意见。

上述两种质量控制手段，在实际操作中可根据具体情况灵活运用。例如，重复性较高、劳动量较大的简单任务，可主要依靠自动化检测工具来提高效率；要靠专业知识和实践经验才能完成的复杂任务，可更多地依赖人工审核和专家评审来保证质量。为了更好地发挥这两种方法的优势，还需要不断对其进行优化和升级。例如，利用机器学习技术对自动化检测工具进行训练，提高其检测的准确性和效率；建立专家知识库、经验库，提高人工审核和专家评审的效率和准确性。综合运用自动化检测工具和人工审核两种方法，可以让数字图书馆相关人员在保证资源准确性和时效性的同时，提高工作效率，减少错误率。这种方法不仅适用于信息资源的质量控制，也可以广泛应用于其他领域的质量控制工作中。通过不断地优化和升级这种方法，能更好地应对数字化时代的各种挑战，为数字图书馆带来更多的便利和效益。

二、数字资源的维护

（一）数字资源的存储与备份

1. 数字资源的分布式存储

分布式存储，即将数据分散存放在多个独立的节点上，通过网络连接构建整体的存储系统，是一种能有效提高数据可靠性的存储方式。其优势在于，可将数据备份到不同的地理位置，提高数据的可靠性。当某个节点发生故障时，其他节点可以迅速接替，保证数据的可用性和可靠性。

2. 数字资源的定期备份

除了分布式存储，定期的数据备份也是必不可少的。备份策略应考虑备份频率、存储位置等因素。对于重要数据，应定期备份并存储在可靠的存储设备上，如云存储或离线备份设备。这样可以确保在意外情况下能够快速恢复数据。

在实施备份策略时，还要考虑如何恢复数据。如果备份数据只能以较慢的速度恢复，那么在紧急情况下可能会造成重大损失。因此，选择具有快速恢复功能的备份方案是至关重要的。此外，对于企业来说，还需要考虑如何满足法规要求。在某些行业中，如金融和医疗保健，法规规定必须保留一定时间内的备份数据。因此，选择能够满足这些法规要求的备份方案是至关重要的。

（二）数字资源的更新与维护机制

为了保证资源的时效性，制定资源的定期更新机制至关重要。与出版

社或学术机构建立合作关系是实现这一目标的有效途径。通过与这些机构合作，可以及时获取最新的学术成果，数字资源始终保持最新状态。举个例子，假设数字图书馆与一家出版社达成了合作协议，该出版社定期向数字图书馆提供最新出版的学术书籍。数字图书馆相关人员可以在协议中约定，每两个月接收一次最新的出版物，从而确保数字图书馆相关人员的资源库始终保持最新。

此外，数字图书馆相关人员还应建立快速响应机制，以应对读者反馈的错误或问题。当读者发现数字图书馆相关人员的资源存在错误或问题时，他们可以通过特定的反馈渠道向数字图书馆相关人员报告。一旦收到反馈，数字图书馆相关人员应该立即采取行动，及时修正和更新数字图书馆相关人员的资源。数字图书馆相关人员可以设立专门的工作小组，负责监控读者反馈并迅速采取行动。

（三）数字资源的安全防护

安全防护是数字资源维护的关键环节，它保障了数字资源的完整性和机密性。数字图书馆应采取有效措施，防止未经授权的访问和数据泄露。

1. 建立完善的安全策略

安全策略包括身份验证、访问控制、数据加密等关键环节。身份验证，是防止非法读者访问系统的第一步，通过采用强密码策略、多因素身份验证等方式，确保只有经过授权的读者才能访问系统。访问控制，限制了读者对数字资源的访问权限，防止越权操作。数据加密，将敏感数据转化为密文，防止数据在传输和存储过程中被窃取。

2. 定期进行安全审计和漏洞修补

安全审计可以发现系统中存在的潜在风险和漏洞，及时进行修补，确保系统的稳定性和读者数据的安全性。漏洞修补则是针对已知的漏洞进行修复，防止黑客利用漏洞进行攻击。

此外，安全防护还需要注意：防范网络攻击，通过部署防火墙、入侵检测系统等手段，及时发现并阻止网络攻击行为；防范社交工程攻击，加强对员工的网络安全培训，避免上当受骗，泄露敏感信息；防范恶意软件攻击，及时更新防病毒软件，定期扫描系统，清理恶意软件。

三、数字资源质量控制与维护的挑战与对策

随着科技的飞速发展和读者需求的多样化，数字资源质量控制与维护面临着技术更新换代加快、人力资源短缺、法律法规不完善等挑战。对此，可采取以下对策。

首先，加大技术研发的投入是必不可少的。对于技术的快速更新，图书馆需要不断投入资金和人力，确保其技术设备始终处于行业前沿。例如，可以定期组织技术研讨会，邀请专业人士进行指导，以便图书馆技术人员能够及时掌握最新的技术动态。

其次，引进和培养专业人才是关键。数字资源的质量控制与维护需要具备专业知识的人才，如计算机、信息管理、法律等领域的人才。图书馆可以通过与高校、科研机构合作，引进优秀人才。同时，也要注重内部培养，通过培训、学术交流等方式提升员工的专业素质和技能。

再次，与相关部门合作完善法律法规也是重要的一环。数字资源的保护和管理需要完善的法律法规作为保障。图书馆应积极与政府部门、行业协会等合作，推动相关法律法规的制定和完善，以确保数字资源的合理使用和权益保障。

最后，积极参与国际合作与交流也是推动数字资源质量控制与维护的重要途径。通过参与国际会议、合作研究项目等方式，可以了解国际上的最新动态和最佳实践，也可以分享自身的经验和成果。这样不仅可以提升图书馆的国际影响力，还可以促进数字资源的共享和利用。

第三节 读者满意度调查与改进机制

在数字化快速发展的背景下，数字图书馆已经成为学术研究和公众获取知识的重要渠道。为了提供更加优质的服务，必须深入了解读者的需求和感受。读者满意度调查作为一种有效手段，可以为数字图书馆的服务质量提升提供有力支持。

一、读者满意度调查

为了准确地了解读者对数字图书馆服务的满意度，数字图书馆相关人员需要进行深入的调查和分析。操作步骤大致如下。

（一）确定目标群体

目标群体要确保调查样本具有代表性。这个目标群体可以包括各个年龄层、职业背景和学历层次的读者，因为数字图书馆的服务是面向所有人的，无论他们的背景如何。

（二）选择合适的调查方法和工具

选择合适的调查方法和工具是至关重要的。除了常用的问卷调查，还可以结合在线评价、深度访谈等手段，以获取更全面的信息。问卷调查可以提供定量数据，反映读者对服务的整体满意度以及他们在使用服务时遇到的问题。在线评价和深度访谈则可以提供定性数据，帮助数字图书馆相关人员理解读者的需求和期望，以及他们对服务的具体评价。

（三）确定调查内容

确定调查内容时要考虑数字图书馆服务的各个方面，包括但不限于资源内容的质量、易用性、技术平台的稳定性以及响应速度等。这些方面的服务质量直接影响到读者的满意度。

（四）实施调查

实施调查时要注重样本的代表性，确保数据真实可靠。这意味着数字图书馆相关人员需要随机抽取样本，并确保样本在年龄、职业和学历等方面都具有代表性。

（五）清洗和整理数据

通过对数据进行清洗和整理，排除所有异常值或错误数据。

（六）分析和解读数据

使用统计分析方法和数据挖掘技术深入分析和解读收集到的数据，通过对比不同年龄、职业和学历的读者的数据，了解不同读者群体的需求和期望。

二、数据分析与结果呈现

收集到的数据，要系统性地整理，分析，以全面了解读者满意度的整体水平和分布特点。

首先，通过描述性统计，初步了解读者满意度的情况。例如，计算出读者对数字图书馆服务的平均满意度，以及不同方面的满意度分布情况。这些信息可以帮助数字图书馆相关人员发现服务中的优点和不足，为后续的改进提供参考。

其次，采用更高级的统计方法，进一步挖掘影响满意度的关键因素，其中，因子分析和回归分析是两种常用的方法。因子分析有助于找出影响满意度的主要因素，如服务质量、响应速度等；而回归分析则可以用来预测读者满意度与各个因素之间的关系，判断哪些因素对满意度的影响更大。

在进行以上分析时，结果的呈现方式应该直观清晰，如用柱状图、饼图等展示整体情况，满意度分布和主要因素一目了然；用文字详述各方面的评估结果，包括读者对服务的评价、对改进的建议等。

通过对结果的解读和讨论，数字图书馆相关人员可以制定相应的改进措施。例如，如果发现某些方面的满意度较低，可针对性地优化相关服务模式。

最后，数字图书馆相关人员还可以根据读者的反馈调整服务策略，以满足读者的需求和期望。

三、案例分析与经验借鉴

以某数字图书馆优化检索功能为例。

（一）背景介绍

该馆在日常运营中，注重读者反馈与体验，定期进行读者满意度调查。在一次调查中，他们发现读者对图书馆的检索功能不满，检索效率和检索体验不佳。

（二）问题分析

为了详细了解读者对检索功能的不满之处，图书馆进一步与读者沟通并深入调查。读者反映，检索时的操作不够简便，而且有时得到的检索结果与预期存在较大偏差。由此明确了主要问题：检索界面过于复杂、检索结果关联性不足。

（三）改进措施

基于调查结果，该馆与技术供应商合作，对检索功能进行了以下全面优化。

1. 界面简化

减少不必要的操作步骤，让检索更加直观和简单。例如，将高级检索选项隐藏，仅在读者需要时才显示。

2. 算法优化

改进检索算法，获得更精确的检索结果。引入人工智能和机器学习技术，使检索系统能够学习读者的检索习惯，提供更读者个体需求的检索结果。

3. 读者测试

在正式推出优化后的检索功能前，该馆进行了小范围的读者测试，确保改进真正符合读者需求。

（四）效果评估

优化后的检索功能上线后，该馆再次进行了读者满意度调查。结果显示，读者对检索功能的满意度大幅提升，认为检索操作简便，检索结果比较准确。读者对该馆的整体满意度也随之提升。

（五）经验借鉴

此案例告诉我们，数字图书馆要真正提供优质服务，必须紧密围绕读者需求进行；与技术供应商的合作也是很重要，能确保技术层面的优化真正落地并为读者带来便利。最重要的是，持续的读者满意度调查和改进机制是确保服务质量持续提升的基石。只有不断听取读者的声音，才能确保服务始终与读者的需求相匹配。

参考文献

[1] 王秀华，陈玉玲，张文明. 基于区块链技术的数字图书馆数字版权管理策略研究 ——以清华大学数字图书馆为例 [J]. 四川图书馆学报，2022（1）：58-62.

[2] 吕珍妮. 图书馆公共数字文化服务体系建设研究 ——以福建晋江市数字图书馆为例 [J]. 文化学刊，2022（9）：148-151.

[3] 张妍，赵宇翔，刘周颖. 数字人文领域创意类开放数据竞赛价值共创的影响因素 ——以上海图书馆开放数据竞赛为例 [J]. 图书馆论坛，2023，43（3）：75-85.

[4] 张毅，赵晨鸣，陈丹. 数字人文在高校图书馆特藏资源建设中的实践与思考——以近代中译本全文特藏库建设为例 [J]. 国家图书馆学刊，2023，32（1）：68-78.

[5] 高萍. 基于KANO模型的高校图书馆数字化资源服务质量研究 ——以宝鸡文理学院图书馆为例 [J]. 新世纪图书馆，2023（3）：56-62.

[6] 张海舰. 数字化转型时期大学图书馆的纸本文献服务重塑——以北京大学图书馆为例 [J]. 晋图学刊，2023（3）：39-44.

[7] 王梦珊. 老年数字阅读困境下公共图书馆如何进行适老化改造 ——以东营市图书馆为例 [J]. 科技资讯，2023，21（8）：205-208，213.

[8] 盛兴军，徐滕. 数字学术环境下大学图书馆信息素养教育研究——以美国大学图书馆数字学术服务为例 [J]. 四川图书馆学报，2023（3）：55-62.

[9] 梁玉清. 英国高校图书馆数字化转型战略与成果——以谢菲尔德大学图

书馆为例 [J]. 江苏科技信息，2023，40（19）：30-36.

[10] 王文. 基于价值工程模型的高校图书馆数字资源建设理论与实践——以安徽理工大学图书馆为例 [J]. 图书情报导刊，2023，8（7）：7-12.

[11] 陈珲夏. 全媒体环境下高校图书馆深度数字阅读推广模式研究 ——以浙江大学图书馆为例 [J]. 大学图书情报学刊，2023，41（1）：31-34，45.

[12] 李传彬. 浅谈公共图书馆地方特色文献资源数字化建设 ——以济南市图书馆为例 [J]. 河南图书馆学刊，2023，43（1）：42-43，66.

[13] 马慧. 图书馆数字资源采集策略分析——以陶瓷文化为例 [J]. 陶瓷科学与艺术，2023，57（8）：10.

[14] 徐毅，钱智勇. 面向国家文化数字化战略的图书馆创新实践 ——以张謇学濒危稀见文献数字化保护和利用为例 [J]. 新世纪图书馆，2022（11）：20-29，96.

[15] 李继晓，郭世宏. 基层图书馆公共数字文化服务推广探析 ——以青海省西宁市湟中区图书馆为例 [J]. 传媒论坛，2022，5（10）：102-104.

[16] 朱玉强，马继业，范翠丽. 数字人文视域下图书馆实体展览数字化推广实践 ——以搭建微信小程序框架下 JSPWiki 等为例 [J]. 图书馆研究与工作，2022（9）：33-37.

[17] 任通. 数字图书馆国际合作案例分析及启示 ——以中阿电子图书馆为例 [J]. 高校图书馆工作，2022，42（6）：1-5.

[18] 朱蓓. 面向部委机关内网的数字图书馆平台建设研究与实践——以国家图书馆海关总署分馆为例 [J]. 晋图学刊，2022（2）：21-27.

[19] 常靖瑞，吉久明，李校红. 高校图书馆数字有声资源用户满意度调查研究 ——以华东理工大学为例 [J]. 大学图书情报学刊，2022，40（5）：102-109，144.

[20] 吴秀红，田静. 公共图书馆数字阅读体验空间服务创新探究——以河北省图书馆为例 [J]. 河北科技图苑，2022，35（1）：47-51.

[21] 葛一璇，张子晗，王建红．基于使用者心理效应的高校数字化图书馆建筑空间环境调查与研究 ——以河北建筑工程学院为例 [J]. 城市建筑空间，2022，29（11）：184-186.

[22] 刘凌宇．美国高校图书馆微型数字人文实践及启示 ——以塞勒姆州立大学为例 [J]. 四川图书馆学报，2022（5）：84-91.

[23] 孟然．资源共建共享下的公共图书馆公开课建设研究 ——以公共数字文化工程图书馆公开课项目为例 [J]. 河南图书馆学刊，2022，42（3）：19-22.

[24] 莫黄燕．公共图书馆特色数字资源建设与推广案例分析——以广西壮族自治区图书馆为例 [J]. 山东图书馆学刊，2022（5）：34-38.

[25] 郑丽花．地方高校图书馆数字化建设 ——以海南师范大学图书馆为例 [J]. 办公室业务，2022（21）：183-186.

[26] 杨敏，彭梅，戴婉琦．大规模、跨语种中国近代特色报纸资源数字化建设实践——以上海图书馆《字林洋行中英文报纸全文数据库》为例 [J]. 大学图书情报学刊，2022，40（3）：125-132.

[27] 何金晶．数字赋能下的文化遗产保护战略 ——以西班牙国家图书馆为例 [J]. 数字图书馆论坛，2023，19（2）：48-56.

[28] 王笑语．数字时代下基于画像的公共图书馆评估路径探究 ——以江苏省市级公共图书馆为例 [J]. 情报工程，2023，9（2）：83-95.

[29] 秦月．"文化润疆"背景下对新疆高校图书数字资源建设的思考 ——以昌吉学院图书馆为例 [J]. 办公室业务，2023（3）：177-179.

[30] 赵长波．古籍数字化元数据著录与古籍纠谬——以辽宁省图书馆为例 [J]. 图书馆学刊，2023，45（7）：93-97.

[31] 杨菲．会议论文资料收集与数字化实践——以上海图书馆《中国学术会议报道》为例 [J]. 数字与缩微影像，2023（1）：32-35.

[32] 李莹，宁军胜．"互联网 +"图书馆助推大学生数字素养与技能提升研究——以徐州工业职业技术学院为例 [J]. 江苏科技信息，2023，40（3）：

71-73.

[33] 杨帆 . 基于内容营销的公共图书馆数字资源推广策略——以重庆图书馆为例 [J]. 办公室业务，2023（15）：169-171.

[34] 牛萍萍 . 数智时代高校图书馆数字资源联盟建设研究——以西安市高校图书馆为例 [J]. 科教导刊（电子版），2023（18）：272-274.

[35] 梁晓岚 . 地方红色数字资源建设与服务推广——以广西壮族自治区图书馆为例 [J]. 图书馆界，2023（4）：90-94.

[36] 华东杰，何东凝 . 数字阅读服务高质量发展的实践探索——以宁波图书馆为例 [J]. 图书馆研究与工作，2023（7）：74-78.

[37] 曹鑫新 . 浅谈民国报纸数字资源建设质效提升——以国家图书馆为例 [J]. 数字与缩微影像，2023（3）：11-14.

[38] 张玉娥 . 区域公共图书馆数字化服务实践探索与思考——以杭州地区 "一键借阅" 平台为例 [J]. 河南图书馆学刊，2023，43（9）：9-12.

[39] 杜赛楠 . 自贸港背景下海南公共数字文化服务发展策略——以三亚市图书馆为例 [J]. 兰台内外，2023（14）：70-72.

[40] 陈艳明 . 数字资源建设在公共图书馆中的应用实践研究——以潮州市图书馆为例 [J]. 河南图书馆学刊，2023，43（5）：24-26，39.